本書の見方 ……………………………… 9

ロマン

古代遺跡
最新技術で新発見！ 古代遺跡のお金のヒミツってどうなっとるん？ …… 10
なんでドローンで遺跡を撮るん？ ……………………………………… 11
ピラミッド内の巨大空間はどうやって見つけたん？ ………………… 12
レーザービームで遺跡浮き彫り作戦って何なん？ …………………… 13

洞窟探検
洞窟を探検して鍾乳石を調べると何がわかるんじゃ？ ……………… 16
洞窟で迷わないためにすることは？ …………………………………… 18
なんで洞窟探検が地方経済の救世主になるんじゃ？ ………………… 19

沈没船
「ミスター沈没船」と呼ばれる世界から引っ張りだこの日本人がいるんじゃって？ … 20
沈没船を調べるとわかることは？ ……………………………………… 22

北極
北極遠征30回以上！ 日本人極地探検家が調査していることは？ … 23
氷点下40℃でも大丈夫なエスキモー犬は何を食べとるんじゃ？ …… 26
北極で遠くに黒い点が見えたら、何で注意せんといけんのじゃ？ … 27
危険いっぱいの極地探検！ そのぶん収入もええんか？ …………… 28

※誌面の内容、金額、肩書等は放送当時の情報が基本となっておりますが、
一部最新の情報に差し替えて掲載している場合もあります。

003

南極

南極大陸で観測された最低気温は？ …… 30
研究者が大喜びする南極の「黒いダイヤ」とは？ …… 31
日本の南極観測隊による大発見って何なん？ …… 32
南極での移動に欠かせない雪上車ってどんなん？ …… 34
昭和基地での生活ってどんな様子なん？ …… 35
隊員たちにとってのナンバーワンのごちそうって？ …… 38

ダイヤモンド

ダイヤモンドってなんで値段が高いんじゃ？ …… 40
日本の中古のダイヤが注目されている理由は？ …… 42
明治時代、ダイヤモンドジュエリー職人が増えたのはなぜなんじゃ？ …… 44
国の研究所で人工のダイヤモンドを研究する目的は？ …… 46

食卓

たまご
日本が誇る！「生たまご」のお金のヒミツってどうなっとるん？ …… 48
なんで海外では生たまごを食べんのじゃ？ …… 49
たまごの衛生管理ってどうなっとるん？ …… 50
たまごパックのヒミツって何なん？ …… 52

生クリーム
スイーツに欠かせない「生クリーム」って何なん？ …… 54
1リットルの生クリームを作るには何リットルの牛乳がいるん？ …… 56
みんなが気軽に生クリームを楽しめるようになったヒミツって？ …… 57
ケーキ工場で生クリームをホールケーキに塗るとき、かかる時間は？ …… 58

チーズ
市販のチーズは大きくふたつに分けられるってどういうことなん？ …… 60
プロセスチーズってどうやって作るん？ …… 61
国民的ロングセラー6Pチーズのヒミツって？ …… 62
とろけるチーズ発売のキッカケのひとつとなった、1985年の出来事は？ …… 64

005

おうち

国語辞典

国語辞典の「改訂」って何するんじゃ？ ……………………………………… 66

国語辞典に載せる、新しい言葉ってどうやって集めとるんじゃ？ ……… 68

地図

地図ってどうやって作っとるんじゃ？ …………………………………… 70

本格的に日本地図が作られたのはいつの時代？ ………………………… 73

近い将来、大きな需要が見込まれ、2020年に実用化された新しい地図とは？ … 76

お店・町

図書館

3年連続日本一の図書館のヒミツって何なん？ ………………………… 78

本を貸し出す以外の、図書館の大事な役割って何なん？ ……………… 82

エレベーター

エレベーターの進化ってどうなっとるん？ ……………………………… 84

水族館

水族館でお金がかかるのはどんなことなん？ …………………………… 88

働く車

地下鉄
- 正確性と安全性が世界トップレベル！　地下鉄のヒミツってどうなっとるん？ …… 92
- 運転士さんはなんで正確に電車を操ることができるんじゃ？ …… 94
- 運転士さんの宿直室の寝坊しないためのヒミツとは？ …… 96
- 地下鉄が対策に力を入れる大きな脅威とは？ …… 97
- 駅員さんの一日のスケジュールってどんなん？ …… 98
- 路線図に載っていないヒミツの地下鉄の駅って何なん？ …… 102

特殊車
- 滑走路の安全を守る！　スーパー路面清掃車ってどんなのなん？ …… 104
- 災害時の水確保で活躍する、自衛隊の激レア車両ってどんなん？ …… 106

でっかいもの

巨大橋
- 「橋」大国、日本！ 巨大な橋ってどうやって作るん？ ……… 108
- 橋の「入り口」「出口」、その見分け方って何なん？ ……… 111

巨大船
- クレーンゲームみたいな船は、一体何をしとるん？ ……… 112
- 土砂をすくい取る巨大船で、世界初となる画期的な設備とは？ ……… 114
- 巨大船で大活躍するギャングって何なん？ ……… 116
- 「水先人」って何なん？ ……… 117

特別編
- 日直アシスタント田牧そらちゃんのヒミツってどうなっとるん？ …… 118
- カネオくん収録日のそらちゃんに密着！ ……… 120
- 突撃インタビュー「いつも笑顔のそらちゃんが考えていることってなんなん？」… 122
- そらちゃんの思い出ベスト3 ……… 125

本書内容に関するお問い合わせについて ……… 126
ご協力いただいた方々 ……… 127

本書の見方

番組で好評だったテーマを厳選して再構成！　生活に密着した商品やサービス、最先端技術、社会現象などのヒミツを紹介していくよ。

クイズ形式！
カネオくんの素朴なギモンから始まるクイズ形式。知ってるつもりでよくわからない!?現代社会とお金について詳しくなれる！

ビジュアル豊富！
それぞれの項目で紹介している内容は、文章をさらにわかりやすくするビジュアル写真がたっぷり。理解しやすく、飽きずに楽しめる。

その世界のプロが教えてくれる！
それぞれのテーマで番組にも登場した、プロフェッショナルな大人たちも再登場！　知らなかったちょっとした知識や、ナルホド話に興味津々！

びっくりの金額も！
興味はあるけど聞けないのがお金のこと。お店や会社で、物を作ったりサービスを提供したりするためにいくらお金がかかっているのか、驚きがいっぱい！

カネオくんと一緒に学ぼう！
いろんな服装、かわいい表情のカネオくんがあちこちに登場！　一緒に楽しく学べる。

これで見方もバッチリじゃ〜！

009

最新技術で新発見！古代遺跡のお金のヒミツってどうなっとるん？

最新テクノロジーで新発見が続々！

今、世界各地の古代遺跡で新たな発見が続々と報告されている。その裏にあるのは、技術の進化だ。

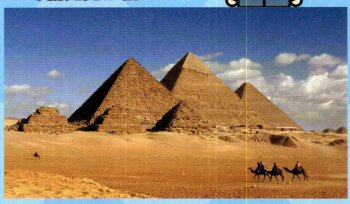

世界で最も有名な古代遺跡のひとつ、4500年も前につくられたエジプトのピラミッド。近年、最新技術を使った調査が進められている。

ドローン！

©WORLD SCAN PROJECT
遺跡を近距離から撮影。詳細なデータが得られる！

3D解析！
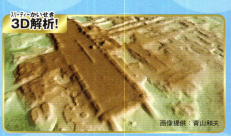
画像提供：青山和夫
レーザービームで地面の凸凹を浮き彫りに！

宇宙の力！
最新テクノロジー！

©ScanPyramids
大気上層部から降り注ぐ素粒子の量を観測してピラミッドを透視！

最新技術で遺跡を調査ってワクワクするのう～

010

Q なんでドローンで遺跡を撮るん？

A 近くから撮影でき、精密なデータが取れるから。

ドローンでピラミッド丸ごとスキャン作戦！

ピラミッドは巨大な石が積み重ねられてできているが、昔の人がどうやってつくったかはいまだに謎が多い。最近の調査では「ドローン」を使って近くから撮影することで、石の正確なサイズなどが丸わかり！ 調査に大きく役立っているんだ。

ピラミッドの建築方法を解き明かそうと研究を続けている考古学者 河江肖剰さん

©WORLD SCAN PROJECT

ヘリで撮影したもの（左）、ドローンで撮影したもの（右）。違いは歴然！

スキャンチーム 市川泰雅さん

河江さんは日本のプロスキャンチームと組み、1万5000枚の写真を撮影。最新技術で組み合わせて、ピラミッドの3次元データを世界で初めてつくることに成功した！

10日間のドローン調査で約600万円

さすが最新技術！ええ値段するのう〜

Q ピラミッド内の巨大空間はどうやって見つけたん？

A ピラミッドを通り抜ける「素粒子ミューオン」の量を観測した！

最新技術で巨大空間を発見！

地球の大気上層部から地表面に向かって、目に見えない「素粒子ミューオン」が降り注いでいる。これは電子より重いために、物体を簡単に通り抜ける。そこでピラミッドを通り抜けるミューオンの量を観測すると、未知の巨大空間が見つかった。

ピラミッド調査で一躍有名になった物理学者 名古屋大学 **森島邦博**さん

画像提供：森島邦博

クフ王のピラミッド内部6か所に、ミューオンを検出する最新機器を設置。

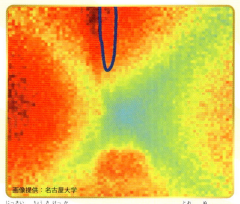

画像提供：名古屋大学

実際の調査結果！ ミューオンがたくさん通り抜けたことを示す赤い反応が出ている。その部分に石が少ない、つまり未知の空間があるのではと推測し、データを解析。

巨大空間（2017）
通路状の空間（2016）
©ScanPyramids

その結果、クフ王のピラミッド内部にふたつの空間を発見。2017年には奥行きおよそ30mもある巨大空間が見つかった。この発見は世界的学術誌「ネイチャー」にも掲載され世界中が驚く大ニュースに！

技術の進歩すげえ！ピラミッドの謎が解明される日も近いぞ〜

Q レーザービームで遺跡浮き彫り作戦って何なん?

A 飛行機から地上にレーザービームを飛ばすんだ!

ミステリアスなマヤ文明を解き明かす!

マヤ文明とは、現在のメキシコからグアテマラやホンジュラスで栄えた古代文明。文字・天文学・暦・数学がとても発達していたという。しかし今ではジャングルに覆われており、まだ見つかっていない遺跡がたくさんある。

マヤ文明調査歴なんと39年 考古学者 青山和夫さん

謎の多い遺跡なんじゃって〜?

現在のメキシコのユカタン半島で栄えた。古代インドよりも先に「ゼロ」を表す文字を発明した文明だ。

亡くなった王様が地下の死の世界に旅立つ様子が描かれた石彫が発見されたことも。

最近の調査で、マヤ文明の学問的な謎が明らかにされている。

013

レーザービームを反射させて調査！

今、マヤ文明の調査では、レーザービームを使った調査が行われている。飛行機に付けた「ライダー」という機械を使って地上にレーザービームを飛ばし、その跳ね返ってくるまでの時間を計測するんだ！

広大な密林地帯にあるマヤ文明。

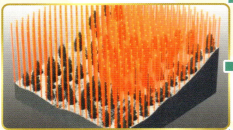
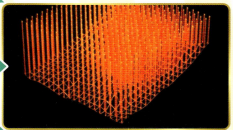
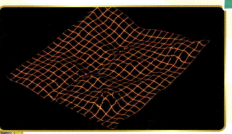

空から放たれたレーザーが地表に当たって跳ね返ってくるまでの時間を測定。かかった時間で地面の凸凹を導き出し、ジャングルに隠れた遺跡を浮き彫りにする。

レーザーを飛ばす機械「ライダー」 1台 2億円

調査費用 1回 2000万円

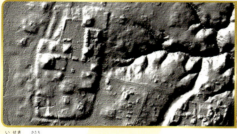

遺跡の形がはっきりとわかるようになる。ピラミッドだけでなく、高さ50cm程度の小さな家のあとも見える。

レーザーで世紀の大発見！

2020年、青山さんたちの調査チームがマヤ文明「アグアダ・フェニックス遺跡」を発見！ レーザービームを使って測定してみると、幅400m、長さ1400m、サッカーコート70個分以上の広さを持つ建造物と判明。これまで見つかったマヤ文明の遺跡の中で最大のもの。

一見何もない林や耕地で見つかった「アグアダ・フェニックス遺跡」。

レーザービームを使って測定、調査していくと遺跡は人々が参加する公共祭祀の場所であると考えられ、しかも造られたのはおよそ3100年前とわかった。この発見により、マヤ文明の起源をこれからさかのぼっていく可能性が出てきたという。

お〜すげえ！いろいろ浮かび上がってきとる！

Q 洞窟を探検して鍾乳石を調べると何がわかるんじゃ？

A 昔の天気がわかる！

大発見が続々！ 洞窟のヒミツ

自然の力で地中にできたほら穴で、人が入れる大きさのものを洞窟という。2018年にはスペインの洞窟から6万年以上前の壁画、2021年にはユダヤ砂漠の洞窟で2000年前の古文書の断片が見つかるなど、洞窟では世界的な大発見も多い。洞窟探検家の吉田勝次さんは、世界30か国1000以上の洞窟に潜った洞窟探検のエキスパートだ。

太陽光が届かない洞窟では昔の人々の痕跡が残っていることも！

洞窟探検はめちゃくちゃ大変なんだよ！

洞窟探検家 吉田勝次さん

フランスのラスコー洞窟の壁画。1940年、少年が穴に落ちた飼い犬を友達3人と救出した際に発見したという。

20世紀最大の考古学的発見ともいわれる「死海文書」。ヨルダン川西岸、クムラン洞窟で1947年以降発見された。

※本ページには番組放送後の独自取材による内容が含まれています。

鍾乳石には雨水の成分が蓄積されている！

深い縦穴を降りたり、冷たい地下水の中を泳いだり、洞窟探検は大変だ。そこで吉田さんのような専門家が研究者に依頼され、石などを採取する。鍾乳石には過去の雨水の成分が蓄積されており、数万年前の気温や降水量などの天気を知る手がかりになる！

調査費用 調査日数×3万円

洞窟探検では冷たい水の中を進むことも！
（※画像はイメージ）

人がようやく通れるくらいの狭い場所を通り抜けることもある。

こりゃワシらの生活にも大きく関係することじゃのう！

洞窟の鍾乳石からは長い天気の移り変わりがわかる。今後、より精度の高い長期的な天気予報や自然災害の察知が可能となるかも！

鍾乳石を調べる。時には何十キロもある鍾乳石を体にぶら下げて、持って帰ることもあるとか！

017

Q 洞窟で迷わないためにすることは？

A 帰り道を覚えること！

迷子になったらシャレにならない！

調査で行く洞窟には地図もなく、GPSも使えないため、道に迷う危険が常にある。吉田さんが心がけているのは、とにかく帰り道を覚えておくこと。少し進んでは振り返って、帰りに見る景色を記憶に留めて進むんだとか！

常に命の危険がある。

研究に欠かせん洞窟探検じゃが、命がけなんじゃのう〜！

洞窟探検は大変！その1

中国では落石が直撃して左肩を骨折！ 右腕と足だけで30時間かけて登って生還した！

洞窟探検は大変！その2

大掛かりな探検だと1か月間ずっと洞窟の中。ドロドロの中で寝ることも！

洞窟探検は大変！その3

食事はすべて持っていく。洞窟を守るため排泄物も持ち帰るとか！

※本ページには番組放送後の独自取材による内容が含まれています。

Q なんで洞窟探検が地方経済の救世主になるんじゃ？

A 「エコツアー」として使えるから。

洞窟で自然を体験しながら学べる！

洞窟探検は今、自然を体験しながら学べる「エコツアー」として地方自治体からも注目されている。吉田さんのところには、エコツアーに使えそうな洞窟がないか調べてほしいという依頼が来るそうだ。

おぬしの探検が地域の活性化に役立っとるの〜！

吉田さんが携わったツアー。沖永良部島にある鍾乳洞を舞台にしたエコツアーで、幻想的な光景が見られるとこれまで延べ数千人が参加。

ツアー費用
約 **2万** 円から
(一人あたり)

(画像提供：沖永良部島ケイビングツアーNEXT)

ロマン / 食卓 / おうち / お店・町 / 働く車 / でっかいもの

019

Q 「ミスター沈没船」と呼ばれる世界から引っ張りだこの日本人がいるんじゃって?

A 船舶考古学者の山舩晃太郎さん。調査の時間も費用も大幅削減する技術を確立したんだ!

沈没船の調査は大変だった

沈没船調査では船のパーツを全部測る必要があるが、波で揺れる水中では正確な測定は困難で、ダイバーは何百回も潜らなくてはならなかった。しかし船舶考古学者の山舩さんは、いろんな角度で大量に撮った写真から3Dモデルをつくる「フォトグラメトリ」という技術を沈没船調査に応用して注目されている。

船舶考古学者
山舩晃太郎さん

氷山と衝突して沈没、海底に眠る「タイタニック号」の船首。

2014年に沈没したイギリスの小型漁船。(Open Government Licence v3.0.)

メジャーで測る代わりに写真を撮る! その数、数千〜数万枚!

コンピューターで解析。

ダイバーがメジャーで行う調査費用 約2000万円 → 山舩さんのフォトグラメトリ費用 約25万円

世界中からオファーが殺到！

他の考古学者が年間に調査する沈没船の数は1、2隻程度とされるが、山舩さんは年間7隻から9隻も調査している。調査時間も費用も削減できると、世界中から調査協力のオファーが殺到。「ミスター沈没船」と呼ばれている。

山舩さんは世界レベルの第一人者！

船舶考古学が進んでいる北欧などでは、2〜3週間で約100万円もらえるけど、この学問が発展途中のコロンビアなどでは1か月15万〜20万くらい。でも僕はまだ見ぬ沈没船に出会いたいからギャラが多くない国でも大歓迎！

金よりロマンってことかぁ！

水中での調査に技術革新を起こしたんじゃな！

ロマン / 食卓 / おうち / お店・町 / 働く車 / でっかいもの

021

Q 沈没船を調べるとわかることは？

A 当時の最先端技術や、人々の生活の様子。

船には最先端の技術が結集していた！

飛行機が生まれる前まで、船は唯一、海を渡れる乗り物。当時の最先端技術が結集しているんだ。また積荷からは貿易の様子など人々の生活もわかる。水中では積荷の酸化が起きにくく微生物の繁殖が少ないなど、積荷の状態がよいまま保存されているケースが多いんだ。

沈没船は歴史をひもとくタイムカプセル！
画像提供：マスプロ美術館

イスラエルのアスリットの沈没船には「ラム」という金属が船首に装着されていた。これは敵に体当たり攻撃をするための固定武装だと判明！

ひみつミニコラム！ 悪質なトレジャーハンターは許さない！

山船さんの頭を悩ませるのが、悪質なトレジャーハンター。歴史的に重要な船でも爆破して、金属探知機で貴重品だけを持っていってしまうという！

Q 北極遠征30回以上！日本人極地探検家が調査していることは？

A 地球温暖化に関する調査。

犬ぞりで駆け回る！

北極圏の島・グリーンランドで調査活動を長年行っているのが、極地探検家の山崎哲秀さんだ。拠点であるイヌイットの集落から、点在する観測ポイントまで犬ぞりで行き、海の氷に穴を開けて厚さを測るといった活動を続けている。

極地探検家 山崎哲秀さん

地球温暖化の実態把握のために！

地球温暖化のためグリーンランドの氷が溶けていっている。

20年前に比べ5倍以上の速さで氷が溶けているグリーンランド。もしグリーンランドの氷が全部溶けたら、今より海水面が7m以上も上がり、フロリダ州の沿岸部は水没してしまうとも言われている。山崎さんはその実態把握のため尽力しているんだ。

犬ぞりの重さは1トン超え!?

グリーンランドでの移動手段は全長4m、重量100kg以上の巨大なそり！ 実はこれ、山崎さんのお手製。食料や寝袋、非常用のストーブなどの装備を積み込むと、総重量はおよそ700kg！ 多いときでは1トンを超えるんだとか！

移動手段は犬ぞり！ 13頭のエスキモー犬とともに北極を駆け回る！

総重量1トン超え!?

山崎さんが作ったそり。食料や寝袋、非常用のストーブ等を積み込む。

北極を駆け回るのにはこれだけの装備が必要ってことか！

移動中の風は凶器！

氷点下40℃の世界を犬ぞりで移動するのはとんでもなく過酷。風を切って走ると顔をまるで殴られているような痛さで、あっという間に頬や鼻が凍傷になってしまう。

凍傷はお友達なんだとか！ ちなみに用を足すのも命がけで、お尻なんかも出していたら凍傷になってしまうから1分以内に終わらせる！

防寒具は現地の人たちのものが一番！

山崎さんが北極に行き始めたときは高価なアウトドアウェアを購入していったが、全く役に立たなかった。そこで現地のイヌイットの人たちに頼み込み、彼らが大昔から使っている、毛皮でできた防寒具一式を譲り受けた。

イヌイットの人たちが使ってきた防寒具がベスト！

上着はトナカイの毛皮、ズボンはシロクマの毛皮。ブーツはアザラシの皮とウサギの毛皮。グローブはアザラシの皮からできている。

おぉ！モフモフで暖かそうじゃ！

025

Q 氷点下40℃でも大丈夫なエスキモー犬は何を食べとるんじゃ？

A 脂肪分が多く含まれる、ハイカロリーなドッグフード。

ブリザードの中でも耐えられる！

北極では風速25m以上の吹雪が何時間も続くこともある。そんな寒さでもエスキモー犬は耐えられる。食べているのは、寒冷地用のエスキモー犬のために特別に開発されたハイカロリーなドッグフードだ。

アスリートばりにエネルギーをとるんじゃのう！

雪に埋もれても大丈夫というタフな犬たち！

お値段 年間で150万円！

日本で流通しているドッグフードの約4倍のカロリーの、特別なドッグフードを食べている。

Q 北極で遠くに黒い点が見えたら、何で注意せんといけんのじゃ？

A ホッキョクグマの鼻かもしれないから。

白一色の世界に

雪と氷の世界で一面真っ白の中、黒い点が見えたら、シロクマと呼ばれることも多いホッキョクグマの鼻かもしれないから要注意！　ホッキョクグマは北極の生態系の頂点に君臨する肉食獣。山崎さんいわく、たいていは犬が吠え立てて追い払ってくれるが、ごくたまに逆ギレして突進してくる個体もあるから危険なんだとか。

冬の北極は白一面の世界。黒い点には要注意！

ヒグマと並び、陸に住む世界最大の肉食獣。全長3m、体重600kgを超えるものも！

あいつら、そんな恐ろしいヤツじゃったんか！

Q 危険いっぱいの極地探検！そのぶん収入もええんか？

A 山崎さんはボランティア。自費を投入して活動している。

壮大な自然と人々の暮らしに魅了された！

山崎さんは極地探検家の植村直己さんに憧れ、20歳のとき初めて北極に足を踏み入れた。以来、自然と人々の暮らしに魅了され、ほぼ毎年北極遠征を繰り返し、その数は30回以上。夏は工事現場でアルバイトをし、とにかく北極に行くためにお金を貯めていて、周りの友達からは変わり者扱いされていたとか。

北極に行き始めたころの山崎さん。

北極の自然と人々の暮らしに魅了された。

地球温暖化に危機感を覚えるように

毎年のように北極を訪れる中で、温暖化により氷が溶け、イヌイットの人たちの生活にも影響が出てきていることを実感。地球温暖化に危機感を覚えたそう。

温暖化により氷が溶け、北極に暮らす人々の生活にも影響が。

2005年には南極観測隊にも越冬隊員として参加。そこで出会った女性と2006年に結婚、現在はふたりのお子さんがいる。

資金集めは大変だ！

現在も1年の半分は北極で過ごし、日本滞在中は北極遠征の資金をつくる毎日。半年間の調査費用は350万円！　そのため現地でガイドの仕事をしたり、日本でも講演会や募金、Tシャツ販売などで資金調達を行う。

講演会などで資金を集める。

調査費用（半年間） 350万円！

観測拠点を作りたい

将来的には世界中の研究者の方たちが集まって、温暖化など観測調査を継続できるような観測拠点を作りたいというのが、山崎さんの大きな目標としてあるんだそう。

おぬし！
あの犬ぞりに
荷物だけじゃなく
そんなでっかい夢まで
のせとったんか！

北極探検は「地球の未来を守る大冒険」かな！

犬ぞり北極探検家
山崎哲秀さん

Q 南極大陸で観測された最低気温は？

A -89.2℃！

氷に閉ざされた手つかずの大自然！

地球の最南端「南極」は、辺り一面、雪と氷に覆われた白銀の世界！ 氷に閉ざされた手つかずの大自然が残る最後の秘境。観測された最低気温はなんと-89.2℃！

氷に閉ざされた広大な南極大陸。日本のおよそ37倍もの広さがある。

コウテイペンギンの子育てシーズンは、気温-60℃、風速60mほどのブリザードが吹き荒れるそうで、身を寄せ合いながら、自分の体と卵を温めている。

こりゃかわいいのぅ〜

Q 研究者が大喜びする南極の「黒いダイヤ」とは？

A 隕石。

南極は隕石の宝庫！

人がいない南極では、隕石がそのまま残っていることが多く、真っ白な氷の世界だから見つかりやすい。これまで日本国内で見つかった隕石は54個だが、日本の観測隊が南極で発見した数は約1万7000個！ 研究価値が高いため、「黒いダイヤ」と呼ばれることも。

雪原に黒いものが落ちていたら場所によってはほぼ隕石といってもいいほどだそう！

日本の観測隊が南極で発見した数 およそ1万7000個！

南極に行ったら隕石が落ちてないか探してみたいのぅ～

研究価値から「黒いダイヤ」と呼ばれることも。

ひみつミニコラム！ 隕石を調べるとわかることは？

国立極地研究所の南極隕石ラボラトリーでは南極観測隊が採集した隕石の管理と研究を行っている。顕微鏡や分析装置で隕石を調べると、隕石の成り立ちからその天体がいつ頃できたのか、いつ小惑星と衝突したのかもわかるとか！

※本ページには番組放映後の独自取材が含まれています。

Q 日本の南極観測隊による大発見って何なん？

A オゾン層が破壊されたオゾンホール！

世界初の発見を連発！

南極には世界29か国83か所の基地が存在。手つかずの自然が残る南極は、大気や氷、海といった地球環境を正確にモニターするのに適しているため、さまざまな観測や調査が行われている。日本も「昭和基地」を拠点に観測を行っており、大気観測の分野では1982年、世界で初めて「オゾンホール」の存在を発見したんだ！

1957年に建設された昭和基地は日本の南極観測の拠点だ。

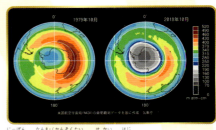

日本の南極観測隊が世界で初めて「オゾンホール」の存在を発見

画像：気象庁ホームページより

大発見はほかにも！

90年代半ばには、夏のわずか1か月間しか顔を出さない湖で、1000年以上生きている植物の集合体「コケボウズ」を発見！ 南極の一部の湖にしか生息しておらずコケと藻、バクテリアが集まってできているんだとか。

1000年以上生きている植物の集合体「コケボウズ」

画像：国立極地研究所ホームページより

今も調査・研究は続く！

現在も調査や研究は続けられており、例えばアイスコアと呼ばれる南極の氷を分析、研究中。これは3000mも下に掘って手に入れた貴重なものだ。時代ごとの大気中の二酸化炭素濃度などがわかり、その推移を研究することが未来の気候変動の予測などにもつながる可能性がある。

第65次南極観測隊の隊長 橋田 元さん

南極の氷には地球の歴史や未来を解明するヒントが詰まっているんだ！

南極の氷を3kmも掘ったじゃと!?

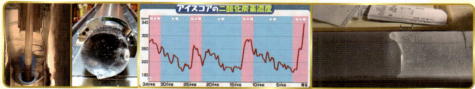

氷は大気のタイムカプセル！　時代ごとの空気が層のように閉じ込められている。

昭和基地からアイスコアを掘り出す場所までは約1000km。大量の荷物を載せたソリを引く雪上車の出せるスピードは時速10km！　車中泊をしながら3週間もかかるんだとか！　次は100万年前の氷を狙っているんだそう。

Q 南極での移動に欠かせない雪上車ってどんなん？

A 水に浮くタイプや牽引力の強いものなど、いろんなタイプがある。

雪上車は南極の心強い相棒！

南極観測隊員が、基地の外へサンプル採集や観測に出かけるときに活躍するのが、雪上車。水に浮くタイプや大型で牽引力の強いタイプなどがある。隊員はこうした車を運転できるよう講習を受けたり、簡単なメンテナンスなら手伝ったりすることも。

船のように水の中でも浮く構造になっており万一、氷が割れて海に落ちても沈みにくいタイプ

お値段 約3200万円！

大量の物資輸送などに適した大型で牽引力の強いタイプ

お値段 約8700万円！

最新の大型雪上車。

お値段 約6200万円！

こうした車が隊員の命を守っとるんじゃのう！

Q 昭和基地での生活ってどんな様子なん？

A まるで小さな町！過酷な環境の中でも仕事に集中できるよう工夫されているよ。

全61の施設がある！

64次越冬隊の28人（撮影当時）が生活している昭和基地。管理棟や居住スペース、発電棟や倉庫棟など61もの施設があり、まるで小さな町なんだ。

昭和基地は南極の中では比較的暖かい場所にある。

南極観測隊 白野亜実さん

南極へようこそ！

南極観測隊には「夏隊」「越冬隊」の2チームがある。

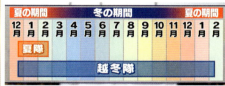

夏隊は夏の間のみの2か月、白夜の期間を中心に滞在。

越冬隊は約1年間滞在し、観測や研究、基地の維持管理を行う。

室内は快適な温度！ 生活に必要なものが揃う！

隊員たちの生活の中心が管理棟。もちろん暖房は完備され、室内は快適な温度をキープ。Wi-Fiが飛んでおり、インターネットもできる。また、ビリヤード台やカラオケといった娯楽設備、簡単な手術もできる病院や、郵便局、さらに理髪室もある。居住棟には、隊員それぞれ4畳半くらいの個室が完備。

64次越冬隊の皆さん。

気象観測を行う部屋。

ビリヤード台やカラオケなども。

郵便局。

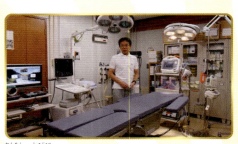
簡単な手術もできる。

理髪室も。理髪係になった隊員は専門学校で研修を受けるそう！昭和基地では隊員たちがバーテンダーやアマチュア無線係など全14種類の係を担当。

へぇ～！充実しとるのう！

運び込まれる食糧は年間30トン

食事は調理担当のプロの料理人たちが作ってくれている。しかし食料を運び込めるのは、隊員たちが基地に入るタイミングの年に1度だけ！　合計でおよそ30トン！　それを倉庫棟で冷凍・冷蔵保存している。

金額 約3000万円！

メニューは和洋中と多岐にわたり、おいしいと評判。限られた食材だが工夫して調理しているとか。

ひみつミニコラム！ 南極の料理人は選び抜かれたふたり！

約30人の隊員たちの朝昼晩の食事を担当するのは、ふたりの調理隊員だ。一般からの公募で、ホテルレストランのシェフや、料理の専門学校職員など、食の知識と経験が豊富で南極への熱意があるプロが選ばれている。書類選考や面接があるほか、冬の登山技術を中心とした実技訓練がある。また、1年3か月の南極暮らしに耐えられる健康状態や、協調性なども重視され、歴史ある国家事業に従事する観測隊員としての自覚と責任も求められるんだとか！

調理隊員の映画が話題になったことも！
©2009『南極料理人』製作委員会

※本ページには番組放映後の独自取材が含まれています。

037

Q 隊員たちにとっての ナンバーワンのごちそうって?

A キャベツの千切り!

新鮮な野菜が大人気!

年に1度運び込まれた食料は冷凍庫や冷蔵庫で保存されるが、生野菜の多くはその水分から冷蔵庫に入れても傷むのが早く、冷凍保存すると食感や味が損なわれてしまう。そんな中、キャベツは半年以上たっても生で食べられると大人気だそう。

人気のキャベツの千切り。しかしそれも半年くらいでなくなってしまうとか。

ひみつミニコラム! 水はどうしてる?

雪を溶かしてろ過し、飲み水や生活用水として使う。発電機の余熱で温水も使え、トイレやお風呂、洗濯まで不自由なくできる!

ひみつミニコラム！ 隊員を運ぶ「南極観測船しらせ」

南極観測隊員と大量の物資を載せた南極観測船「しらせ」は凍った海を氷を割りながら進んでいく。船旅は1か月半くらいかかるが、めちゃくちゃ揺れるという！

画像：防衛省・自衛隊ホームページより

南極に温泉!?

南極には火山がある。その地熱を利用した温泉があり各国の隊員たちに天然の露天風呂として大人気！

Lyubomir Ivanov (claimed), as Apcbg, CC BY-SA 3.0

「血の滝」の正体は？

南極のテイラー氷河では、大量の血のような液体が流れ、通称「血の滝」と呼ばれている。なぜ赤いのか100年近くわからなかったが、2009年に判明！　水に含まれる鉄分が大気中の酸素によって酸化した、「鉄分を豊富に含んだ水」なんだって！

039

Q ダイヤモンドってなんで値段が高いんじゃ？

A 地中深くに存在するので採掘するのに労力とお金がかかるから。

憧れのダイヤモンドとは!?

ダイヤモンドは、婚約指輪などに使われる貴重な宝石。2020年、香港のオークションで日本人によって落札された、102カラット（20.4g）の大粒のダイヤのお値段はなんと17億円！ 世界全体でダイヤモンドジュエリーの1年間の推定売上はおよそ9兆円だ。

キラキラ輝く、憧れのダイヤモンド！

宝石の王様といえばダイヤモンドじゃ！

ダイヤモンドジュエリーの1年間の推定売上 約9兆円（世界全体）

採掘が大変！ 少ししか採れない！

日本宝石協会 代表理事 堀内 信之さん

ダイヤモンドはアフリカ大陸、カナダ、ロシアなどの地下150km以上に存在する。他の宝石に比べてとても深いところにある上、苦労して採掘しても、100トンの岩石の中からたった1カラット（0.2g）しか採れないと言われている。だから高価なんだ。

ダイヤモンドは、アフリカ大陸やカナダ、ロシアなどの地下150kmに存在する。世界一深いマリアナ海溝でも10kmで、穴を掘って採るのは不可能！

数十億年から数億年ほど前、キンバーライトマグマという、激レアなマグマが地下深くから高速で噴き出した！

この噴火でキンバーライトマグマはダイヤモンドを巻き込み、地表付近にダイヤモンドが運ばれてきたんだ！

どんだけレアなんじゃ！

採掘では直径1km、深さ200mにもなる大きな穴を開けることがある。例えばカナダにあるダイアヴィク鉱山ではダイナマイトで岩盤を爆破し、細かくなった岩石から不要な物を取り除きダイヤの原石のみを採取。

100トンの岩石の中からたった1カラット(0.2g)！

運搬用のトラック積載量は一般的な大型トラックの20倍以上。さらに採掘に関わる作業員は1200人！3週間交代でひたすら掘り続けるんだとか！

Q 日本の中古のダイヤが注目されている理由は?

A 「リカット」技術がすごいから。

ダイヤが減っていく!?

眠っているダイヤの総額 **3兆円?!**

ダイヤモンドの採掘量は減っていくという予測がある。現在ある大きなダイヤモンド鉱山のうち85%が2050年までに閉山し、今から30年で1年間に採れるダイヤモンドの量が4分の1になってしまうとか。そこでダイヤモンドの二次流通が注目されている。

実は日本にはバブル期に大量輸入されたダイヤモンドが数多く眠っているとされる。ダイヤモンドは二次流通でも価値がほとんど下がらない。

削り直すと価値が倍に!?

バブル期に日本に輸入されたダイヤモンドは、まだ当時はカットが甘く、評価の低いものが多かった。これを日本の技術で研磨して整える、リカットをすると、最高評価のものに生まれ変わるんだ。わずかなゆがみを修正すると輝きが変わる!

やってきたのは神奈川県にあるダイヤモンド工房。

ダイヤモンド職人
黄金井弘行さん

ものすごい集中力で作業しとる!

今の日本の職人のリカット技術は世界でもトップクラスだと思います!

リカット前のダイヤには、面が集まる点に0.05mmほどのゆがみがある。これを研磨して整える。

わずかなゆがみを修正することによって光が上向きに反射するようになり輝き方が変わる。最高評価のダイヤに！

ダイヤモンドパウダーを使って削る！

研磨作業は全て職人による手作業！ ルーペを見ながら細かい作業を行っていくが、削るときに絶対欠かせないのが「ダイヤモンドの粉」。自然界でトップクラスの硬さを持つダイヤモンドを削るには、同じダイヤモンドが必要なんだ！

すべて職人さんの手作業！

作業に欠かせないダイヤモンドパウダー
お値段 2万円 (20g)

0.01mm単位で慎重にダイヤを削ること8時間！

完成！ リカット前の0.05mmのズレを修正！おおよそ倍の評価額に！
リカット前 約8万円 → リカット後 約19万円

日本の技術ってすごいのぅ〜！

043

Q 明治時代、ダイヤモンドジュエリー職人が増えたのはなぜなんじゃ？

A 廃刀令のため、刀職人がジュエリー加工業に転職したから。

日本に入ってきたのは江戸時代

ダイヤモンドは江戸時代前期の1666年、オランダ船から出島に持ち込まれたのが始まり（諸説あり）。平賀源内が開いた物産会に「金剛石」という表記でダイヤモンドが出品されたという記録も。明治時代に入って人々が洋服を着るようになってそれに合わせてダイヤモンドのジュエリーを身につけるようになっていった。

出典：国立国会図書館

「金剛石」って呼ばれたんか〜！

オランダ船がダイヤモンドを持ち込んだとも言われている。

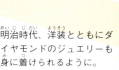

明治時代、洋装とともにダイヤモンドのジュエリーも身に着けられるように。

出展：国立国会図書館

刀職人からダイヤモンドジュエリー職人へ!?

明治時代に入ると刀を持つことを禁止する廃刀令が出されたため、職を失う刀職人が急増！　そこで、刀のツバなどの装飾技術を生かしてジュエリー加工に転職する人がたくさんいたんだとか！

刀を作る技術をもつ職人たち。

出典：国立国会図書館

刀のツバ部分などの装飾技術をジュエリー加工に！

0.3カラットのダイヤモンドが売れ筋になったのは？

1970年代に入るとダイヤモンドブランドによる「ダイヤモンドの婚約指輪は給料3か月分」という広告が話題になった。当時の平均月収の3か月分で買えるダイヤモンドの大きさが、0.3カラットだったという。ダイヤモンドは"頑張れば手の届く存在"に！

当時、婚約指輪に給料3か月分のダイヤモンドを、という広告が話題になった。

ダイヤモンドにはいろんな歴史があったんじゃな！

045

Q 国の研究所で人工のダイヤモンドを研究する目的は？

A 産業用として電子機器に活用するため。

日本最大級の研究機関でダイヤモンド作り?!

日本の産業や社会に役立つ最新技術を研究して、実用化に繋げる活動をしている国の研究機関、通称・産総研では、大学や企業などとタッグを組み、人工的にダイヤモンドを作る研究を進めている！

産業技術総合研究所
山田英明さん

最先端の技術を開発する日本最大級の研究機関だ！

こうした機械を使って人工ダイヤモンドを作っている！

人工ダイヤの作り方は？

機械に、縦横1cm四方、厚さ0.3mmほどのプレート状のダイヤモンドを入れ、メタンガスと水素を注入。マイクロ波をあてると2000℃以上の高温となり、ガスの中に含まれていた炭素がダイヤのプレート表面にくっついていく。これを続けて人工的に分厚くしていくんだ。

機械にプレート状のダイヤモンドを入れ、メタンガスと水素を注入。

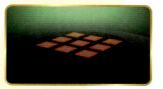
マイクロ波をあてると2000℃以上に！

ガスの中に含まれていた炭素がプレートにくっつく。

できあがったのがこちら！もともと0.3mmのものが1.2ミリほど厚くなっており、この作業を縦横で繰り返して、大きな1枚のプレートをつくる研究を進めている。

アクセサリーにして大儲け……じゃないんじゃな！

電子機器用として注目されている

実はダイヤモンドは、8割が産業用。「ダイヤモンドカッター」や、歯科用の「ダイヤモンドドリル」が有名だが、「熱を逃す力」と「電圧に耐える力」が優れているため、電子機器に活用する研究が進められている。

硬さを利用した「ダイヤモンドカッター」や歯医者さんの「ダイヤモンドドリル」。

ダイヤモンドの熱を逃す力や電圧に耐える力を利用して、未来のスマホやＥＶ、発電所などに活用する研究が進められている！

日本が誇る！「生たまご」のお金のヒミツってどうなっとるん？

世界有数のたまご大国・日本！

日本人の食卓に欠かせない「たまご」。日本は世界でも有数のたまご大国で、IEC（国際鶏卵委員会）によると2020年の日本人1人あたりのたまごの年間消費量は世界第2位の340個！ ほぼ毎日たまごを食べている計算になる。

目玉焼きやオムライス、たまごかけごはんなどたまごは食卓に欠かせない！

1人あたりのたまごの年間消費量

1位	メキシコ	380個
2位	日本	340個
3位	コロンビア	325個

出典：2020年国際鶏卵委員会（IEC）

生たまごを食べる国はほとんどない！

最近ではたまごかけごはんが大人気。しかし「生たまごを食べる国は世界でもほとんどなく日本特有の文化なんだ。その裏には日本が誇る世界トップクラスの衛生管理の技術がある！

生たまごをごはんにかけるたまごかけごはんは日本ならでは。

Q なんで海外では生たまごを食べんのじゃ？

A 食中毒になってしまう危険があるから。

海外ではたまごは加熱が当たり前?!

海外では「生たまご＝食中毒」というイメージを持つ人が多い。実はとれたてのたまごの殻には「サルモネラ菌」が付着していることがあり、菌が体内に入ると食中毒を引き起こす危険がある。

たまごの殻を触った手などから菌が体内に入ると食中毒を引き起こす危険が！

海外で、たまごは基本的に加熱調理が前提なんだ！

たまごのスペシャリスト
上野貴史さん

2021年、日本卵業協会が認定する最高ランクのたまごソムリエの資格を取得したほどのたまご好き！

海外では、食中毒を防ぐために十分に卵を加熱して食べる国が多い。

日本の誇る衛生管理システムとは？

日本には徹底した生たまごの衛生管理システムがあり、生でも安心して食べられる。日本のたまごは海外からも注目されており、輸出量は右肩上がり。日本養鶏協会によると、2017年から2021年の4年間で5倍以上に。2021年だけでも2万トン以上のたまごが輸出されている。

衛生管理システムか〜！

Q たまごの衛生管理ってどうなっとるん?

A 専門施設で洗浄、検査、殺菌等を行っている!

流れを見ていこう!

養鶏場でとれたたまごは、厚生労働省のガイドラインに沿ってたまごの衛生管理を行う施設、GP（選別とパック詰め）センターへ運ばれる。全国に450カ所以上あり、民間企業が運営していたり養鶏場に併設されていたりする。

こちらは京都にあるGPセンターのひとつ。

養鶏場から運ばれた大量のたまご。吸盤のついた機械でベルトコンベヤーへ。

たまごの安全を守れ！その1 とがったほうを下に!

レーンのカーブを利用して整列させる。気室という空気の部屋を上にすることで、黄身が浮かんできても殻に直接触れることを防ぐため、万が一、殻から細菌が入っても黄身に触れるリスクを回避。

050

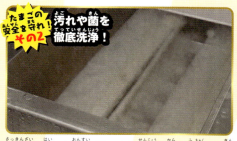

たまごの安全を守れ！その2 汚れや菌を徹底洗浄！

殺菌剤の入った温水でしっかり洗浄。殻に付着した菌や汚れを落とす。

たまごの安全を守れ！その3 画像判定で汚れチェック！

3台のカメラで計6回撮影し、コンピューターで判定。汚れが残っていないか徹底検査！

たまごの安全を守れ！その4 超精密なヒビ検査！

たまごを回転させながら綿棒のような特殊な棒で軽く叩き、その音を高性能マイクにより判別。目には見えないわずかなヒビも発見できる！

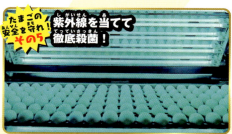

たまごの安全を守れ！その5 紫外線を当てて徹底殺菌！

さらに紫外線を当て、殻の表面に付着した細菌やウイルスを徹底的に殺菌！

全自動GPマシンお値段（3万卵/毎時処理） 7000万円から1億5000万円！

1時間に3万個ものスピードでパッキングできる全自動のすぐれものマシン！ ほとんど人の手による作業は不要。

「厳重にチェックしてくれとるからこそ、生で食えるんじゃな！」

重さを計り、サイズごとに選別してパッキング。こうした衛生管理のための数々の工程を通過してようやくたまごは出荷される！

051

Q たまごパックのヒミツって何なん?

A たまごがパックの底につかず、衝撃が伝わりにくい「八角すい」になっている!

積み重ねても、たまごが割れない入れ物とは?

たまごパックのシェアトップクラスのメーカー・創業者の加茂守さんが、たまごパックの開発に取り掛かったのは1960年代、スーパーマーケットが登場し、たまごの大量販売が始まったころ。積み重ねても、たまごが割れない入れ物が必要になったためだ。

たまごパックメーカー創業者 加茂 守さん

※当時のパックを再現

苦労して完成させた初期のパック。たまごがピッタリ収まる形だったが、割れやすかった。

いろんな技術が詰め込まれとったんじゃな!

2年間の試行錯誤の末に開発されたのが「八角すい」のパック。たまごがパックの底につかず衝撃が伝わりにくい。その後、パックに細い溝をつけ、たまごとパックの接する面を減らすことで、たまごは常に真ん中に浮いているような状態になり、衝撃がより伝わりにくいパックが完成!

ひみつミニコラム！
黄身と白身があべこべ!?「逆転ゆでたまご」って何なんじゃ？

江戸時代の料理本に登場する「幻のたまご料理」を京都女子大学の八田一名誉教授（日本たまご研究会 会長）が作ることに成功！ ストッキングで高速回転させると遠心力により黄身の膜が破れ、殻の中で黄身が白身の薄い部分と混ざった状態になる。ゆでると黄身から固まっていき、最後に残った白身が中心部で固まって、逆転ゆでたまごになる！

「逆転ゆでたまご」

ゆでたまごの黄身と白身が逆さまだ！

必要なもの
たまご、セロハンテープ、ストッキング

作り方

1 割れるのを防ぐため、生たまごにセロハンテープを十字にまきつける。

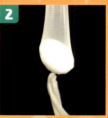

2 たまごをストッキングに入れ両端をしっかり止めたら、ストッキングを両手に持って、手首でクルクル回しストッキングをねじっていく。

3 そしていっぱいまでねじったらストッキングを大きく横に引っ張り、ねじれの反動でたまごを高速回転！ ブーンと音がするくらい高速で回転させるのがコツなんだとか！

4 これを5、6回繰り返し、たまごをライトに透かして暗く見えれば準備OK！

5 水から火にかけ、15分間、たまごをゆっくり回しながらゆでれば完成！

053

Q スイーツに欠かせない「生クリーム」って何なん？

A 牛乳を遠心分離機にかけて「乳脂肪分」を抽出したもの。

牛乳の脂肪分からできている！

ショートケーキなどみんなが大好きなスイーツには「生クリーム」が欠かせないが、国内消費量はここ20年で大きく増えている。

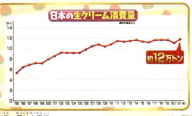

出典：農林水産省

ケーキに生クリームは欠かせない。ちなみに生クリームそのものは甘くない。ケーキなどにつかわれている生クリームは砂糖を加えて甘くしている。

生クリームの国内総売り上げ(2021年)
1231億円!
(農林水産省より)

牛乳そのものから作られる！

生クリームは牛乳を遠心分離機にかけて「乳脂肪分」を抽出して作る。乳製品の成分などについて定めた厚生労働省の「乳等省令」によると、生クリームは、乳脂肪分が18％以上なければいけないんだ。

搾りたての牛乳から作られるのが生クリームだ。

そもそも生クリームって何なんじゃ？意外と知らんぞ

バタークリームケーキと区別するために

生クリームは保存がきかず扱いにくいため、1970年代頃まで日本の洋菓子で使われるのはバターとたまごによる「バタークリーム」が主流。それと区別するために牛乳から作ったクリームを「生クリーム」と呼んだ。冷蔵庫が普及すると生クリームの消費量はアップ！

(イメージ)

昭和のケーキはバタークリームが主流だった！

スゴ技！ 達人の生クリームマジック！

華やかなデコレーションが施されるウエディングケーキは、パティシエの腕が大事。スゴ技の持ち主、パティシエの本橋さんは、そんなウエディングケーキを多いときは1日100個以上は作ったそう！

パティシエ
本橋 雅人さん

海外からも注目される日本最大の洋菓子展覧会のデコレーション審査責任者も務めるデコレーションの達人！

生クリームの搾り口につける「口金」。100種類以上を使い分ける！

通常20分以上かかる3段のウエディングケーキのデコレーションも5分ほどで作れてしまうとか！

わずか5分でデコレーションされたケーキがこちら！

すごいクオリティーじゃ！

※本ページには番組放映後の独自取材が含まれています。

055

Q 1リットルの生クリームを作るには何リットルの牛乳がいるん？

A 13リットル！

北海道の生クリーム製造工場へ！

こちら、乳業メーカーの生クリーム製造工場。巨大な「貯蔵タンク」で牧場から運ばれてきた牛乳を貯蔵している。タンクひとつに、1リットルの牛乳10万本分が入っている。1リットルの生クリームを作るために13リットルの牛乳を使うとか！

生クリーム 大手乳業メーカー 製造部課長 山口 純さん

なんと13倍の牛乳が必要！

工場には巨大なタンクがそびえる！

生クリームを作るためには、「加温」「分離」「殺菌」「冷却」などざっくりと12ほどの工程がある。

ここで生クリームがつくられている！

Q みんなが気軽に生クリームを楽しめるようになったヒミツって?

A 乳業メーカーの企業努力で賞味期限が伸びたこと！

 ### 乳脂肪分の「均質化」！

生クリームに含まれる乳脂肪分は、時間が経つと水分と分離してしまう。水より軽い脂肪分は上に浮いて固まり、早く傷む原因となっていた。

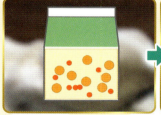
乳脂肪分は大小さまざまな大きさの粒でできている。

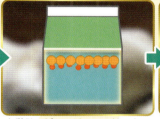
脂肪分は水より軽いので上に浮いて固まってしまう。

傷みの原因になり、日持ちしなかった！

マシンの実用化まで8年！

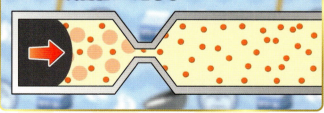

生クリームを「均質化」する画期的な機械の仕組み。圧力をかけながら小さな通り道に通すことで、乳脂肪分を「均質化」。脂肪の粒を細かくし、小さな粒に揃える。それにより粒ひとつひとつの脂肪分の浮力が低下し、より分離しにくい生クリームを作ることに成功！

食べ終わったラーメンも表面に油が浮くのぅ

賞味期限2週間がおよそ3週間に。高嶺の花だった生クリームも身近に！

057

Q ケーキ工場で生クリームをホールケーキに塗るとき、かかる時間は？

A 6秒！

生産量倍増のスゴ技マシンがいっぱい

こちらの大手ケーキ工場では、機械を改良したことで今まで1日1万個しか作れなかったケーキが2万個も作れるようになったという。そのひとつがケーキに生クリームを塗る「ナッペ」のためのマシンだ。

自慢の機械を紹介するよ！

大手ケーキ工場
菊池信也さん

おいしそうなケーキが続々と作られている！

スポンジに生クリームを塗る「ナッペ」。以前は手作業だったため時間がかかっていた。

このケーキメーカーが独自で改良したナッペマシン。1980年代後半頃よりこのような機械をケーキメーカー各社がそれぞれ独自に考案し導入。

生クリーム塗り機
約1000万円！

ひとつ塗るのにかかる時間6秒

ホールケーキに生クリームを塗るのもあっという間！　仕上がりもお見事！

「超音波カッター」で素早くキレイにカット！

ケーキに塗られた生クリームはナイフにくっつくためキレイに切るのは難しかった。しかし今は「超音波カッター」で素早くキレイなカットが可能に！ 刃を1分間に2万回も微振動させることでケーキと刃物の摩擦を抑える仕組み。美しい断面はお店で映える！

超音波カッター 1台約 2000万円

刃のお値段 1枚 15万円

画像提供：
銀座コージーコーナー

刃が1分間に2万回も微振動！ 超音波カッター。

手作業でキレイに切るのは難しい（左）／超音波カッターとの違いは一目瞭然！（右）

1990年代の電動カッター。その後各メーカーで開発が進み、超音波カッターが登場した。

「あんなにうまそうに見えるヒミツはこんなとこにあったんか〜！」

こうしてショーウインドウにキレイな断面のケーキが並ぶように！

Q 市販のチーズは大きくふたつに分けられるってどういうことなん？

A ナチュラルチーズとプロセスチーズの2種類。

みんな大好きチーズのヒミツ

チーズケーキやピザ、チーズフォンデュなど、さまざまな料理に使われるチーズ。実は今や日本国民の9割がチーズ好き[*]という調査がある。

（* マイボイスコム調べ）

チーズケーキ！　ピザ！　チーズフォンデュ！

大きく分けるとふたつ！

チーズは「ナチュラルチーズ」と「プロセスチーズ」の2種類に分類される。ナチュラルチーズとは「モッツアレラ」や「カマンベール」など牛やヤギなどの乳を固めたチーズそのもののこと。一方、プロセスチーズは6Pやスライスなどさまざまな形や味に加工されたチーズのことだ。

ナチュラルチーズ（100g）約600円

プロセスチーズ（100g）約200円

そんな違いがあったんかぁ！

Q プロセスチーズってどうやって作るん？

A 数種類のナチュラルチーズを混ぜ合わせて作られる。

日本最大級のチーズ工場へ突撃！

こちらのメーカーのチーズの年間売り上げは700億円以上！日本最大級のチーズ工場でのプロセスチーズ作りを見ていこう！

プロセスチーズ作りのヒミツを教えるよ！

大手食品メーカー 橋本定典さん

年間売上 700億円以上

1日100トンのチーズを生産する工場！

1

原料冷蔵庫。30種類のチーズ、10万個以上のナチュラルチーズを保管。

2
原料のナチュラルチーズをマシンが自動でアップ。衛生的！

3

原料のチーズ20kg 約2万円
原料となるナチュラルチーズ（ゴーダやチェダーなど）の塊。

4

自動でピックアップされ運ばれていくチーズ。

5

細かく刻まれ、レシピに沿って混ぜ合わされ、70℃以上で加熱！

6

熱を加えることこそが、プロセスチーズの安さのヒミツ！
熱を加えると熟成が止まり、長く保存できる。大量生産や全国流通が可能になる。

とろ〜リチーズの画はずっと見てられるのう！

061

Q 国民的ロングセラー 6Pチーズのヒミツって？

A 丸いチーズを6等分に切っているわけではない！

人気の小分けチーズ

6Pチーズは1954年に登場すると切り分ける手間なく一口で食べられるチーズとしてたちまち大人気になり、1960年代、学校給食にチーズが導入された際にも個包装が大活躍。国民的ヒットとなった。

各社から出ている6Pチーズ。一口で食べられる！

1954年に発売されるとたちまち大人気に！

6Pチーズは1960年代、昭和の給食でも大活躍。

我が家でも冷蔵庫のマストアイテムじゃ！

6等分に切り分けるのではない？

丸いチーズを6つに切り分けていると思われがちな6Pチーズ。実は、熱々のチーズを、あらかじめ機械にセットされた個別の包装フィルムの中に流し込んで作られている！ その後ひとつひとつフィルムでチーズを包み、冷蔵庫で冷やして完成！

6Pチーズマシン 約5億円

熱いチーズを小分けフィルムに流し込む充填機

1. チーズが流し込まれる！

2. スピードは1分間に100個！

3. 6つ1セットにまとめて……。

4. 冷蔵庫で45分間冷やす。

5. パッケージされた！

6. おなじみのチーズが完成！

1日に作られる数 20万パック以上

小さいのを作って6個にまとめとったんか！

Q とろけるチーズ発売のキッカケのひとつとなった、1985年の出来事は？

A 宅配ピザチェーン店のオープン。

スライスチーズの作り方は？

国民的2大プロセスチーズのひとつ、サンドイッチやトーストでも欠かせないスライスチーズ。まずは作り方を見ていこう！

食卓に欠かせないスライスチーズ。

1 スライスするのかと思いきや……？

2 フィルムに流し込んで……。

3 ローラーに挟んで薄く延ばす。

4 5℃の冷水に通して冷却。

5 1分間で作れるスライスチーズは約1500枚！

スライスチーズマシン 約4億円

薄く伸ばして1枚1枚作っとったんか！

宅配ピザが人気を集めたおかげ！

1987年、スライスチーズは、焼いたらとろけるチーズに進化して大ヒットに。今や食卓に欠かせないが、開発段階ではお蔵入り寸前だったとか。しかし1985年日本で宅配ピザチェーンがオープンし人気を集めたことで社内の反対ムードが一変、発売にこぎつけた！

1962年に誕生したスライスチーズ。

焼くととろ～りとろける！

伸び具合をチェック！

1985年に宅配ピザチェーンが上陸。実はそれまでチーズを加熱する概念があまりなかったが、宅配ピザの人気でこれはいける！と商品化！

1987年にとろけるチーズを発売！

ひみつミニコラム！ 「さけるチーズ」はサキイカがあったから!?

1970年代、チーズメーカーの研究員さんがモッツァレラチーズの試作中に、チーズがさけるのを偶然発見した。その様子がサキイカみたいで面白い！ 売れるかも！ となり1979年に商品化されたとか。

Q 国語辞典の「改訂」って何するんじゃ？

A 内容を改めてよく確認し、時代にあった内容にアップデートする。また新しい言葉を取り入れたり、古くなった言葉を削除したりする。

国語辞典は明治時代に登場した！

日本語で日本語を解説する書物が現れたのは江戸時代。当時は方言の差も大きかった。明治時代になると、日本中どこでも通じる標準語・共通語が求められるようになった。そんな中、日本で初めての国語辞典『言海』が誕生した。その後、国語辞典は学校教育の発展とともに急速に普及した。

誰もが一度は使ったことがあるはず！

日本初の国語辞典を作った国語学者の大槻文彦。

国語辞典は数年ごとに「改訂」する！

国語辞典は、数年に一度「改訂」し、改訂版が出されるたびに売り上げが伸びる。改訂とは内容を改めてよく確認して時代にあった内容にアップデートし、新しい言葉を取り入れたり、古くなった言葉を削除したりすることだ。

出版社 国語辞典 編集責任者
平木 靖成さん

> この国語辞典を最初から作ると、30年くらいはかかるかな

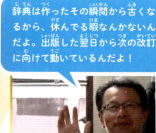

こちらは別の出版社の、8年ぶりの改訂をした国語辞典。

辞典は作ったその瞬間から古くなるから、休んでる暇なんかないんだよ。出版した翌日から次の改訂に向けて動いているんだよ！

国語辞典 編集長
山本 康一さん

改訂で追加された言葉は3500語！

今っぽい言葉が増えとる！

リアタイ《名・放送を[録画

みばれ[身バレ]元や身分が明ら

マリトッツォ[ima みなく たっぷり はさんで

イースポーツ[e スポーツとしておこなう、

みつ[密]《名・ダ》①た状態。「花を―につ

テレワーク[telew パソコンやインター

ソーシャルディスタンス（社会学で）相手との親しさなとの距離きょ。②感染症かんせんを防

067

Q 国語辞典に載せる、新しい言葉ってどうやって集めとるんじゃ？

A 新しい言葉を探す「言葉ハンター」がいる！

街で新しい言葉を採取！

「言葉ハンター」こと、辞典編纂者の飯間浩明さんは、国語辞典作りを専門とする日本語学者だ。街のいろんな場所で新しい言葉を探す「用例採集」をして、その言葉の意味を調べ、辞典に載せるべきかどうかをジャッジしている。

辞典編纂者の
飯間浩明さん

これだけ調べて初めて国語辞典に載るってワケじゃな！

カメラを片手に街を歩き、気になった言葉を写真に収める。多いときは年間4000語以上集めるんだとか！

言葉を集めたら、さまざまな文献やメディアを調査して、その言葉が世の中にどれだけ浸透しているかをチェックする！

あまり聞かれなくなった言葉は消していく。この国語辞典は今よく使われている生きた言葉を大切にしているそう。今回消したのは、1100語！

ひみつミニコラム！ クセつよ！ おもしろ辞典！

国語辞典の中にはプロ野球球団とコラボして大ヒットしたものもある。どうやったら辞典が売れるかと考えたときに「熱狂的なファンがいるプロ野球球団とコラボすれば！」となって、やってみたら大成功したんだとか！

通常の売上の2倍！

中身もその球団に寄せて作られており、例えば「鉄人」という言葉を引くと、この球団を代表する選手、衣笠さんのことが書かれている。ファン心をくすぐり、普通の国語辞典の2倍もの売り上げを記録した。

辞典マニアの **稲川智樹**さん

所有する辞典の数は800冊以上！ 出版社で働く傍ら、多くの辞典イベントを開き、全国にその魅力を伝える辞典の伝道師！

稲川さんオススメ！ クセつよ辞典

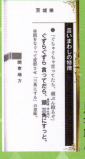

『県別 罵詈雑言辞典』
全国にある「方言の罵倒表現」だけを集めた辞典。

『異名・ニックネーム辞典』
芸能人からスポーツ選手、地名など、ありとあらゆるあだ名や別名を掲載。

『刑事弁護人のための隠語・俗語・実務用語辞典[第2版]』
犯罪用語や刑務所内で使われるという隠語などを掲載。

ロマン / 食卓 / おうち / お店・町 / 働く車 / でっかいもの

069

Q 地図ってどうやって作っとるんじゃ？

A 国土地理院が測量して作った地図が、いろんな地図メーカーの元になっている！

地図の原型がある！

お出かけに欠かせない地図。その大元となるのは国の機関である「国土地理院」が作っている「電子国土基本図」だ。全国の道路・建物・河川などの地図情報を詰め込んでおり、この地図を基本に、各メーカーがオリジナルの地図を作っているんだ。

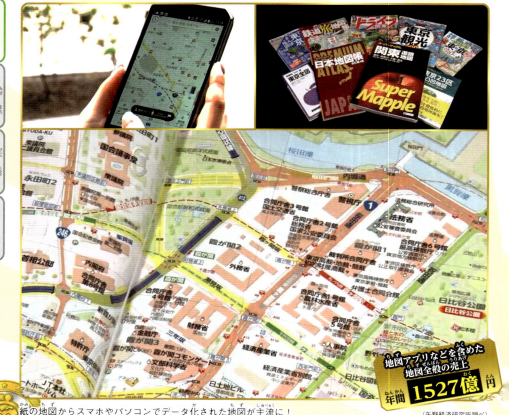

地図アプリなどを含めた地図全般の売上
年間 **1527億** 円
（矢野経済研究所調べ）

紙の地図からスマホやパソコンでデータ化された地図が主流に！

茨城県にある国土地理院で地図の大元が作られている！

国土地理院内の「地図と測量の科学館」ラウンジでは、1mの高さから見ると、100km上空からガリバー気分で散歩できる日本列島空中散歩マップがある。専用の赤青メガネで見ると、日本列島が立体的に見えるとか！

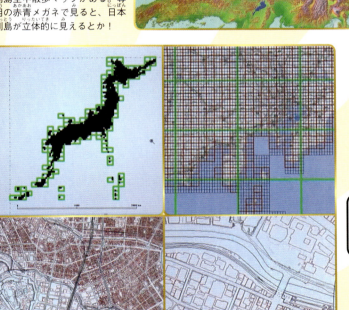

出典：国土地理院HP

おお！
だいぶシンプルじゃが、地図の原型じゃな。

「電子国土基本図」という全ての地図の基礎となる地図。ズームしていくと地図の原型が！ この地図を元に、「お店の名前」や「道路標識」など各メーカーがさまざまな地図情報を上乗せしてオリジナルの地図を作っている。

地図を作るための飛行機がある！

地図を作るために日本全土を空から撮影する「くにかぜ」という飛行機があり、現在3号機が運用されている。航空写真を区画ごとに撮影。その写真を特殊なパソコンに取り込み、建物などの輪郭を取る。正確な平面図はもちろん、高低差などの情報も地図に落とし込んでいる。

> 飛行機で、航空写真を撮って地図を作っているよ！

国土地理院広報
地図製作歴40年
中島最郎さん

（展示中の「くにかぜ」初号機）

機体の下に巨大なカメラが取り付けられており、区画ごとに航空写真を撮影する。

特殊なパソコンに取り込み、建物などの輪郭を取る。作業するときは左右で別々の画像を見ることができ、立体的な画像が見える偏光グラスが活躍。正確な平面図はもちろん、高低差などの情報も地図に落とし込める。

> 地図ってこんな風に作っとったんじゃのう〜

地図は、同じ地点を撮った2枚別々の写真から作られている！

Q 本格的に日本地図が作られたのはいつの時代？

A 江戸時代。

本格的な測量が行われた

江戸時代後期、伊能忠敬を中心に、日本で初めて本格的な測量による日本地図が作られた。実際に歩いて距離を測って、手書きで作っていたが、誤差が少なく、非常に精度が高かった。

（千葉県香取市 伊能忠敬記念館所蔵）

日本で初めて測量による本格的な地図を作った伊能忠敬。

伊能忠敬の作った日本地図、驚くべきはその正確さ。

昔は実際に歩いて距離を測って、手書きで作っていた。

デジタル化が進んでいる

その後も地図は進化し続け、1981年までは地図業界全体の売り上げは右肩上がりだったが、デジタル化が進み、カーナビが普及すると紙の地図は売れなくなっていく。地図メーカーは、最盛期の半分以下まで減ってしまった。

カーナビの普及の影響もあり、紙の地図は売れなくなっていった。

073

地図のデジタル化の波にうまく乗った企業も！

一方で時代の変化に対応し成長を続ける企業もある。業界最大手の地図メーカーでは「信号機」「歩道橋」「混雑度」などの、ありとあらゆる情報を収集。そうした「ビッグデータ」とよばれる多種多様なデータを地図に盛り込み、新しい付加価値としている。

地図に新しい付加価値を盛り込んでいるよ！

業界最大手の地図メーカー 広報部 伊藤 巧さん

見えるもの

見えないもの

日々変わるもの

国土地理院の地図データを元に「道路」「建物」「信号機」などの見えるもの、「県境」「区境」といった見えないもの、「人の混雑度」や「渋滞情報」など日々変わるものを盛り込んでデータ化している。

約2000種類にもなる膨大な情報をライブラリー化。「記念碑」なんて項目も！

詳細なデータを収集するのは人！

こちらのメーカーでは1741全ての市区町村を、全国の調査員が足を使って徹底調査している！1年前の地図と比べて変化しているところをタブレットに打ち込み修正。集められた情報は本部のコンピューターに送られ、常に新しい地図に生まれ変わっている

調査員が地道に足を使って地図作り！

えぇ〜！
実際に足を使って調査しとんか！
伊能忠敬スタイルじゃの！

これからの地図作り用の車も！

調査員が地道に足を使って地図作りをする一方で、最新のセンサーや360度のカメラが搭載してある車も活躍！「道路の白線」「道路の境界線」になっている細かな情報を3次元でデータ化することができる。「車の自動運転用の地図」を作るためだ！

車の自動運転用の地図を作る車！

情報を3次元でデータ化！ 自動運転市場は世界中で開発競争が激化しているアツーい分野！

Q 近い将来、大きな需要が見込まれ、2020年に実用化された新しい地図とは？

A ドローンのための地図。

ドローンが宅配してくれる！

ドローンのための地図は、目的地をインプットするとドローンがそれに基づいて、自動で飛行できる地図。万が一落下しても被害を少なくできるよう、河川の上をメインルートに設定！ドローンが安全に飛行する上で欠かせない地上の障害物情報なども盛り込まれている。

宅配などさまざまな分野でドローンの導入が検討されている。実際、2020年の8月から長野県伊那市で実用化され、買い物が困難な地域へ物資を運搬する「ドローン宅配サービス」も各地で実施されている。

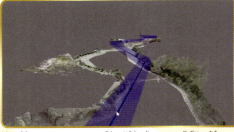

川の上がメインルート。万が一落下しても被害を抑えるためだ。

ビルなどが多い都市部でも実用化を目指しているんだ！

おいおい！そんな地図まで作っとんかー!?

クセつよ！ おもしろ地図！

世の中にはある特定の人に向けて作られたかなりマニアックな「クセつよ地図」がある。地図マニアに聞いてみたよ！

地図マニア歴40年以上 小林政能さん

これまでに見てきた地図は5万点を数え、つぎ込んだ総額は、ざっと500万円！ 現在、地図専門誌の編集長まで務める。

未来地図

「未来地図」
商業施設・レジャー施設などの3年先までの予定が描かれている。地図メーカーがウェブサイトで無料公開。不動産会社の営業の人などが使う。

釣り人専門地図

釣りの地図 お値段
1650円

「釣り人専門地図」
釣り人のための地図。お値段1650円。どこで何が釣れるか、釣り具店や釣り船情報まで。

年収地図

東京都目黒区
世帯あたり所得額：654万円

全国版でお値段
4万4000円

「年収地図」
総務省が行う家計調査を元に作られた地図。赤色が濃いところほど世帯年収の平均が高い地域。その地域の平均年収がわかる！ 金融業界向けの有料サービス。

Q 3年連続日本一の図書館のヒミツって何なん?

A 「最新技術の活用」「スポンサー制度」「大奮闘のスタッフ」!

蔵書を効率よく保管する! 自動化書庫!

都道府県立図書館の中で、屈指の来館者数と個人の貸出冊数を誇る岡山県立図書館。2020年度から2022年度の3年連続で、個人の来館者数と貸出冊数の日本一を記録(※)。2022年3月末時点では全国の都道府県立図書館で東京都、大阪府に次ぐ第3位の159万冊を所蔵するという。増え続ける本を限られたスペースで効率よく保管していくために、最新技術を活用している!

※「日本の図書館統計」(日本図書館協会)

2004年に開館した岡山県立図書館。

自動化書庫／機械が本棚からお目当ての本の入ったコンテナを自動で取り出し、コンベアに乗せて、1階のカウンターまで運んでくれる。蔵書の増加にも柔軟に対応できるということで全国でもいち早く導入したんだとか。

図書館の裏側がこんなふうに進化しとるとは!

スポンサー制度で、新しい本の購入費を確保！

近年、人口減少にともなう税収入減少などにより、図書館で本や雑誌を購入するための予算は昔と比べ減少。岡山県立図書館では費用を確保するため、雑誌の最新号のカバーや裏表紙に企業の広告を載せる「雑誌スポンサー制度」を導入。企業に雑誌の年間購入費用を出してもらっている。

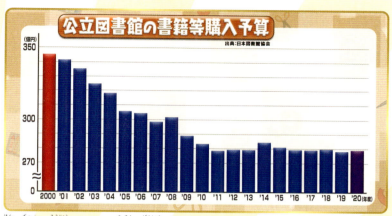

本や雑誌を購入するための予算は減少している。
出典：日本図書館協会

利用者に新しい本を読んでもらいたいから工夫して購入費用を確保しているよ！

司書 隈元 恒さん

総スポンサー料 約65万円（年間）

「雑誌スポンサー制度」と呼ばれる取り組み。2008年ごろに考案され全国の図書館に広がっている。岡山県立図書館では総スポンサー料は年間およそ65万円ほど！ そこで浮いた予算を他の図書の購入に回せる。

「目指せ！3分」スタッフも大奮闘！

目当ての本が見つからないときなど、図書館のスタッフに尋ねることが多い。そんな連絡を受けたバックヤードのスタッフさんたちは、利用者を待たせないよう「目指せ！3分以内」を合言葉にできるだけ早く本を探して渡す努力をしている！

本について問い合わせはたくさん寄せられる！

本を探して渡すまで「目指せ！3分以内」が合言葉だとか！

さまざまな問い合わせに対応できるスペシャリストも！

利用者からのあらゆる問い合わせに対応すべく総合、人文、児童、郷土、自然、社会の6ジャンルで特に詳しいスペシャリストを配置している！

おぉ〜！頼もしいヒーローたちじゃ！

キーワードひとつからでもぴったりの本を提案できる司書さんがいるぞ！

利用者に人気！ 企画展示！

岡山県立図書館で特に人気なのが「企画展示」。テーマ選びやそのテーマでどんな本を展示するのかを選ぶのも司書さんの仕事。興味がなかったジャンルの本にも出会ってもらい、図書館をより好きになってもらいたいという思いでやってるんだそう。

2022年の「企画展示」。その年の干支にまつわる本を展示。

バレンタインデーに関連して、手作りお菓子の本を展示。

図書館に行くのが毎回楽しみじゃのう！そりゃ大人気になるわけじゃ！

ひみつミニコラム！ 図書館で福袋!?

岡山県立図書館では、年の始めに司書おすすめの本が入った福袋を配って大好評。「書初め」や「初夢」などのテーマや「今度の干支には入りたいな……」なんてテーマの福袋もあったとか！

ロマン / 食卓 / おうち / お店・町 / 働く車 / でっかいもの

081

Q 本を貸し出す以外の、図書館の大事な役割って何なん?

A 書籍や資料などを保存し後世に残すこと。

傷んだ本を修復する!

東京都立中央図書館には「資料保全室」といって傷んだ本を修復したり貴重な古い資料を手当てしたりする修復専用の部屋がある。本を貸し出すだけでなく書籍や資料などを保存し後世に残すというのも図書館の大事な役割だ!

公立図書館としては国内最大級! 約229万点の資料を所蔵。
(※この数値は令和6年3月時点でのものです)

全国でも珍しい壊れてしまった本を修復する部屋がある。

修復の専門員
眞野節雄さん

この道20年以上。1万点以上の本の修復に携わり、東京都内の図書館員が眞野さんの下へ研修を受けに来るだけでなく、全国の図書館から講師依頼がくるほどのスペシャリスト!

破れた本は和紙で直す！

破れた本はセロハンテープで貼りつけるのではなく、和紙で直す！　資料保全室には、本の紙の種類や状態に合わせて使い分けられるよう50種類以上の和紙がある。

50種類以上の和紙を保管！

修復用和紙 約5万円
（幅1m長さ61mのロール）

修復に使うとても薄い和紙！

破れてしまった本。

水をつけた筆で和紙を濡らし破れた箇所の大きさに合わせてちぎっていき…。

のりで接着。文字がズレないようピンセットで微調整！

本専用の締め機を使って押さえること2時間でほとんど元通り！

ひみつミニコラム！

眞野さんたち都立中央図書館では、東日本大震災の時に津波の被害に遭った岩手県の陸前高田市立図書館の郷土資料134点を、5年かけて修復。再び陸前高田市に戻されたという。

陸前高田市立図書館にしかなく再入手できない郷土資料。泥や汚れがひどくボロボロだったが解体して1枚1枚紙を丁寧に洗い、和紙とのりを使って修復していったそう。

083

Q エレベーターの進化ってどうなっとるん？

A 「高速でも揺れない」「消音化」「イライラの解消」！

高層ビルには速いエレベーターが必須！

私たちの生活に不可欠なものとなっているエレベーター。実は近年、時代に合わせた驚くべき進化の数々が起きている。そのひとつはエレベーターの「高速化」だ。

エレベーター研究の第一人者
日本大学理工学部
青木義男教授

日本のエレベーターは世界一の品質と言っても過言ではなくて、世界から引っ張りだこなんだよ。

今、街には「高層ビル」が増えている。高層ビルのエレベーターには速さが求められるんだ。

一般的な5階建てマンションのエレベーターは、時速2.7km（平均）。速いものでも時速3.6kmほど。

高さ634m、日本一のタワー、東京スカイツリーのエレベーターは時速36km！ 5階建てマンションのエレベーターの10倍以上の速さ！

快適エレベーターのヒミツ① 高速でも快適な乗り心地！

大手エレベーターメーカーではエレベーターの試験塔で研究や実験を行っている。エレベーターの大半は、ワイヤーロープで吊った、人が乗る「かご」と「おもり」でバランスをとり、巻き上げ機の回転速度を調整して上げ下げする「つるべ式」という仕組みだ。

研究と性能実験専用につくられた「試験塔」。

エレベーター試験塔の中では実験が繰り返されている！

「かご」はレールに沿って動き、レールのつなぎ目を通るときに「揺れ」が起こっていたが、2000年ごろに開発されたアクティブローラーガイドが揺れを打ち消す！ レールのつなぎ目で起こる揺れをセンサーが感知するとローラーから逆方向の揺れを加えて「かご」の振動を打ち消す仕組みだ！

今ではエレベーターの中で10円玉を立てて動かしても倒れない！

快適エレベーターのヒミツ② 90人乗っても大丈夫！大型化

巨大エレベーターを開発するメーカーも。東京・六本木のタワーにあるエレベーターは90人乗りで日本一たくさん乗れる高速エレベーターだ。9人乗りエレベーターの70倍の馬力がある「巻き上げ機」で動かしている。

「かご」を大きくすると重くてスピードが出ないという問題が発生。大型トラック、およそ2台分に相当する700馬力の巻き上げ機で動かす！

巨大エレベーター開発に3年！ 開発費 3億円超え！

ひみつミニコラム！ 世界最高速のエレベーターは日本製！

中国・広州市の超高層複合ビル「広州周大福金融中心」に日本のメーカーが納入したエレベーターは、分速1,260mで世界最高速を達成！ 地上1階から95階までわずか42秒で、世界最高速エレベーターとしてギネス世界記録に認定されている！

世界最高速のエレベーターを作った会社。

速くても静かなんか！

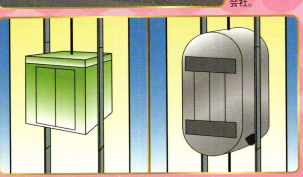

高速になると中の騒音（風切音）が気になるが、流線形のカプセル構造にすることで、騒音が軽減。高速鉄道のノウハウからヒントを得たという。

※本ページには番組放映後の独自取材による内容が含まれています。

快適エレベーターのヒミツ③ 待ち時間のイライラ解消！

こちらのメーカーでは、エレベーターを待つ人の心理を研究。大体30秒を超えるとイライラし始め、60秒経つとイライラが急激に増すことがわかった。そこでエレベーターを長く待っている人を優先的に迎えにいくシステムをつくった。各利用者がボタンを押したタイミングや運行状況に応じＡＩを活用してエレベーターの動きを決めているという！

人は30秒を超えるとイライラし始める。

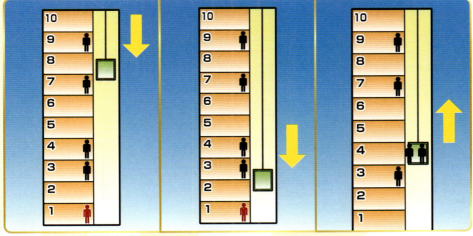

長く待っている人を優先的に迎えに行くシステムだ！

ひみつミニコラム！ なくなったものとは？

優先直行システムは待ち時間が長いフロアへ優先的に向かうため、場合によっては素通りされるフロアも出る。そこでフロアを素通りされた人がイライラしてしまう原因になる表示パネルを、思い切ってなくしたんだとか！

エレベーターの位置を表示するパネルをなくした！

Q 水族館でお金がかかるのはどんなことなん？

A 水槽の水温調節や、生き物のエサ代。そして、巨大水槽！

 ### 日本は水族館大国！

子どもから大人まで、みんな大好き水族館！ 日本にある水族館の数は、ダントツ世界一なんだ。

日本の水族館の数は世界で一番多い！

さまざまな水の生き物が見られる水族館はいつも人気！

 ### 悩みのタネは電気代！

三重県の鳥羽水族館は飼育している生き物の種類が日本一多い水族館。日本で唯一、ジュゴンに会えると人気だ。しかしこちらの水族館では高い電気代が悩みのひとつ。水温調節のため一般家庭の1000戸分に当たる電気代を年間で使ってしまうとか。

水族館の電気代 約1億3000万円
（番組調べ）

約1200種を飼育する水族館！ 水温調節のために、一般家庭の1000戸分に当たる電気代がかかる！

ひょえ～？
そんなに電気使うか？

生き物によって快適な水温が違う！

こちらの水族館では、100以上ある水槽をそれぞれ異なる適温に保つよう、温度制御装置もスタッフも24時間フル稼働！ そして一番エサ代が高いのはジュゴン。海草を1日に30kgほど食べるが、その量をまかなうため日本だけでなく外国からも購入している。

いきものごとに適温が違う。1℃温度が違うだけでも不調をきたしてしまう魚もいるそう。

ラッコ 10℃　タカアシガニ 11℃　イロワケイルカ 14℃　ウツボ 19℃

人魚のモデルになったとも言われるジュゴン。

ジュゴンのエサのアマモ。1日に30kgほど食べる！

ひみつミニコラム！ びっくり！少食の魚も！

サメの仲間のシロワニは、体長2mと大きいが少食！週にサバなどを4匹ほど食べれば十分で、かかる費用は年間で6万円ほど。

水族館の巨大水槽もすごい！

水族館の巨大水槽は、アクリル製のパネルでできているのが一般的。巨大水槽用のアクリルパネル製造の会社で作り方を見せてもらおう！

中国のChimelong Ocean Kingdom（チャイムロング海洋王国）の水槽は約40mという巨大なもの！　当時、ギネス世界記録に認定されたほど！

香川県にあるアクリルパネル製造の会社。会社は水槽用のアクリルパネルの大きさでギネス世界記録に何度も認定されている！

ベースとなるのがこちら。厚みは3〜4cm、幅3.5m、長さ8.5mの透明なパネル。1枚のお値段は、種類によって多少の変動はあるが乗用車1台分ぐらい。

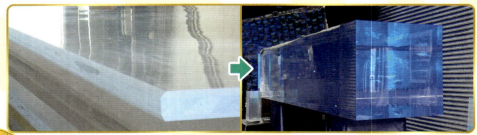

ベースとなる厚み4cmのパネルを何枚も貼り合わせて1枚の板に！が必要。会社の中には厚さが3mに及ぶパネルも。　水族館の巨大水槽には水圧に耐える厚み

原材料の時点ではアクリルパネルの厚さが不均等なため、機械で両面を1/100mmの精度で厚さを揃えるよう削るが、削った後はすりガラス状になってしまう。

表面の微細な凹凸が光を乱反射。

パネルと同じ成分でできた接着剤をかける。

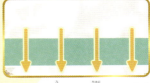

でこぼこが埋まると光はまっすぐ進み、透き通る！

香川県ならでは！「さぬきうどん」でひらめき！

開発時、もうひとつ問題があった。接着剤は液体なので流れ出てしまう上、固まると縮んですき間や気泡ができてしまう。それを解決する「接着剤をせき止める素材」を見つけようとゴムなどを試したがうまくいかない。そんなとき、昼食にうどんを食べていた社長がひらめいたのが「うどん」を使うこと！

ねばりのあるうどんで試してみると、大成功！ パネルに隙間もできなかった！（現在はうどんと同じような性質の素材を使用）

十分な強度を持ちながらクリアに魚を見ることができる巨大アクリルパネル開発に成功した！

水族館に革命を起こしたんじゃの〜！

正確性と安全性が世界トップレベル！地下鉄のヒミツってどうなっとるん？

生活に欠かせない！

人々の生活の要となっている重要な乗り物の一つが「地下鉄」。首都圏を網羅する東京メトロは都内を中心に9路線180もの駅が全長195キロにわたり、複雑に張り巡らされ、1日におよそ5600本もの電車が運行。乗客数はおよそ755万人！ その年間売上は約4300億円！ その正確性と安全性は世界トップレベルと言われている。

人々の生活に欠かせない！

9路線180もの駅！ 1日およそ5600本運行！

どんだけ使われとるんじゃ～！

年間売上 約4300億円

1日の乗客数約755万人！ ちなみに東京都の人口は約1400万人だ。

1秒たりとも遅れないように気を付けている！

多くの乗客を運ぶため過密スケジュールで動いている地下鉄。目標所要時間はすべて5秒刻みで決められており、東京メトロ東西線の東陽町駅の場合、朝の通勤時間帯だと約2分間隔で運行。1分でも遅れると後ろの電車も遅れてしまうため、1分1秒たりとも遅れないよう、気を付けながら運転しているという！

東西線を走らせること15年
運転士
青木一也さん

東西線が大好きなんだけど、特にこの15000系！目がカッコいいんだよ！

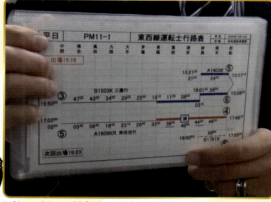

出勤して最初に「行路表」で車両の1日のスケジュールを確認。普通時刻表には分単位までしか記載がないけれど、5秒単位で到着時間が決められている！

ひみつミニコラム！ 運転士さんのカバンには？

運転士さんが持ち歩く携帯カバンには、災害用のヘッドライトや万が一に備えての携帯用トイレ、毎日の出勤時に、時報で合わせる懐中時計などが入っている！

懐中時計のお値段
3万円

Q 運転士さんはなんで正確に電車を操ることができるんじゃ？

A 速度計を見なくても感覚で時速何キロで走っているかわかるから。さらにはブレーキをかけるタイミングも条件で変えているから。

速度感覚がすごい！

運転士は、万が一速度計が故障しても対応できるようにするため、現場に配属される前に研修施設で実際の車両を忠実に再現したシミュレーターを使うなど9か月間みっちり訓練を積み、完璧な速度感覚を習得することが義務付けられている。地下であれば照明の間隔、そして外であれば景色の流れる速さを見て、スピードを判断する！

次の駅までの目標所要時間は5秒刻み。その正確さは驚くほど！

運転士さんは感覚でスピードが当てられる！ 試しに速度計を隠してもピッタリ！

研修施設で9か月間の訓練を積み、完璧な速度感覚を習得しているそう！

地下なら照明の間隔、外なら景色の流れる速さを見て、スピードを判断。

厳しい修業の賜物だったんじゃな！

ブレーキ技術がすごい！

ブレーキをかけるタイミングも様々な条件によって変えている。例えば、地下鉄は乗客の混み具合によって重さも大きく変わる。車両が重いと、止まるための距離が長くなるため同じタイミングで止めるには、乗車率によってブレーキのタイミングを変える必要があるんだ。

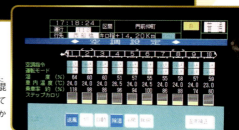

出発前にモニターをチェック。乗客の混み具合を重さで計算して自動的に出してくれている。それに応じてブレーキをかける位置を変えているんだとか！

乗車率30％の場合は、1人平均65キロとして合計およそ30トン。混雑時、乗車率200％ともなると合計重量は200トン近く！

えらい違いじゃ！

車両が重いと止まるための距離が長くなるため同じタイミングで止めるには、乗車率によってブレーキのタイミングを変える必要がある！

Q 運転士さんの宿直室の寝坊しないためのヒミツとは？

A ベッドのマットレスの下の袋に空気が送り込まれ、自動的に体が起き上がる装置がある！

始発に絶対寝坊しないために！

運転士さんが一番気を遣うのが、運行の軸となる始発。東京メトロの一部の宿直室には、寝坊しないためのある秘密がある。「定刻起床装置」といって、起床時刻になるとマットレスの下の袋に自動的に空気が送り込まれ体が起き上がり目が覚めるという画期的な仕組み！

この日のスケジュール
・午後2時30分出社
・午後11時まで乗車
・仮眠
・翌朝5時の始発
・午前8時まで乗車

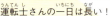

運転士さんの一日は長い！

運転士さんが仮眠をとる当直室。

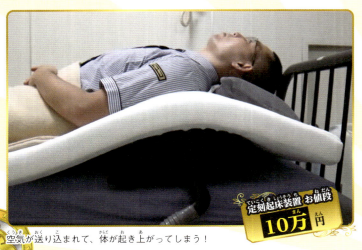

空気が送り込まれて、体が起き上がってしまう！

定刻起床装置 お値段 10万円

時間を正確に守るためにここまでしとるとは！ご苦労さまじゃ〜！

Q 地下鉄が対策に力を入れる大きな脅威とは？

A 水害。

自然災害対策にかけるお金が増えている

電車は水に浸かると使えなくなってしまうので、水害は大きな脅威！　もし埼玉から東京を流れる荒川が氾濫すると、地下鉄を含む17路線、97駅が浸水被害を受ける可能性があるとされている。東京メトロでは浸水対策等のため、年々自然災害にかけるお金が増えている。

1993年の台風11号では赤坂見附駅で電車が浸水！

災害対策にはお金がかかるの〜！

これまでも「止水板」の設置や、階段で入り口を高くする「かさ上げ」等を行ってきた。

2010年、政府が発表した荒川氾濫時の予測を受け、3mの浸水にも耐えることができる防水トビラや、トンネル全体をふさぐための幅9.4m高さ6.2mの巨大防水ゲートを設置！

防水ゲート 10億円以上

Q 駅員さんの一日のスケジュールってどんなん?

A 細かく分けられた業務シフトが特徴的！一人でいくつもの仕事をこなすんだ。

大手町駅に勤務する駅員さんのお仕事とは？

運転士さん以外の駅員さんは一体どんなお仕事をしているのか。東京メトロ4線が乗り入れ、1日平均23万人が利用する主要駅、大手町で勤務する駅員さんのある日のシフトを見てみよう！

大手町駅 駅係員 朝香信幸さん

え？ほぼ24時間じゃ！

今日は明日の朝8時まで出勤だよ！

午前7:30 出勤

お客さんの安心安全を守る！駅員さんの業務に密着！

朝礼でその日の共有事項を確認。

午前8:00 勤務開始

アルコール検査機 約3万円

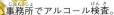

事務所でアルコール検査。

午前8:15 丸の内線ホームでの業務

まもなくドアが閉まります。ご注意ください！

乗客の対応や、電車進入と出発の安全確認を行うホーム業務を担当。30分間でおよそ15本の電車を送り出した。

午前8:45 駅事務室

駅の事務所での業務。忘れ物関係や業務連絡などが次々に入る。

事務所の電話の数はなんと20個以上！

午前9:30 半蔵門線ホームでの業務

事務所での30分の業務を終えると、次は半蔵門線ホームへ！

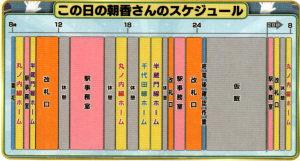

この日の朝香さんのスケジュール

この日のシフト。こまかく区切ることによって地下鉄の職員にとって必要な、時間の感覚を意識できることと、さまざまな業務を入れ替えで行うことによって一つ一つの業務の「集中力」を継続させているそうだ。

午前0:45 この日の業務が終了

この日の業務が終了。駅構内にすぐ出られる場所にある宿直室で仮眠。

翌日は午前5:50からお仕事！朝の通勤時間は大忙し！そして8時半ごろ終了。

帰ったら2歳の子どもと遊びます！

地下鉄は最新技術だけじゃなくやさしい駅員さんに支えられとるんじゃのう

ロマン　食卓　おうち　お店・町　働く車　でっかいもの

099

駅員さんの道案内はすごいんだ！

改札業務で一番多いのが「お客さんへの道案内」。駅員さんは配属された駅周辺の情報を日々勉強して、すぐに案内できるようにしている。また、東京の路線は、全部頭に入っていて料金も覚えているから、一番早くて安い乗り換え案内もできるんだそう！

改札業務では改札を通過するお客さんの切符精算の他に、道案内が多い！

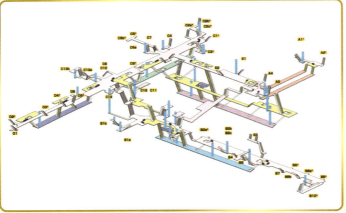

大手町駅では出口が40か所以上もあるため、場所に関する問い合わせが特に多く、1日100件以上に及ぶことも！

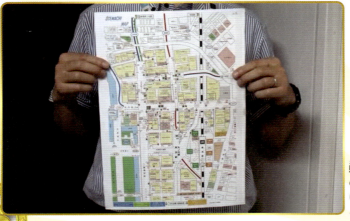

駅員さんは配属された駅周辺の情報を日々勉強して、すぐに案内できるようにしているんだとか！

ひみつミニコラム！ 主婦が提案！乗り換えが便利な案内表示

駅のホームで見かける、何両目に乗れば、どの出口に近いかわかる案内表示。作ったのは当時主婦だった福井泰代さんだ。
今から約25年前、荷物と小さな子どもを抱えていた福井さんは、駅のホームでエスカレーターを見つけられず大変な思いをした。そこで自ら5か月かけて当時256か所あった都内の地下鉄の駅を調べて回り、"どこの車両から降りたら階段やエスカレーターが近いか"をデータ化！ 当時の営団地下鉄に持ち込み、見事採用されたんだとか。

東京の地下鉄でよく見かける案内表示は、当時主婦だった福井泰代さんのアイデアなんだ。

ベビーカーでの地下鉄の乗り換えに苦労した経験を基に、一人でコツコツ調べ、データ化！

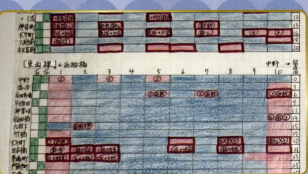

当時作った実物がこちら。
(出典：ナビット)

福井さんのひらめきと努力で、お客さんが助かっとるんじゃな！

Q 路線図に載っていないヒミツの地下鉄の駅って何なん？

A 一般のお客さんは立ち入ることのできない、研修のためだけに作られた駅。

研修のためにホンモノの駅がある！

駅員や乗務員が、研修や訓練をするために作られた駅がある。駅にある設備は全て実際の駅と同じものが使われている。万が一に備え、あらゆる非常事態を想定し、電車が線路内で緊急停止した際の乗客の誘導といった訓練も行っている。

一般のお客さんは一切立ち入ることのできない駅で、有楽町線の終点・新木場より先にある。

実際の駅と全く同じ改札や券売機まで設置。券売機の操作や、改札機の不具合からの復旧、接客訓練も一通り、全てが本番さながらに訓練できる。

それまでは実際の線路を利用して運行が終わった夜中に訓練を行っていた。時間の制約なしで事故や脱線復旧といった大がかりな訓練をすることも可能となった！

研修センター
約200億円

車両の構造を学ぶための教室や、駅の構造を学ぶ施設などもあるこの研修センターは2016年におよそ200億円をかけて完成。

再現性がすごいシミュレーターも！

乗務員が訓練するための運転シミュレーターもある。正面と左右の5つの大画面で、実践さながらの運転を体験できる。とても高い再現度で運転時の揺れや勾配を体感でき、大雨・火災・落下物など約150種類の異常事態シナリオも搭載！

訓練設備全体で 約81億円

千代田線16000系をモチーフにした運転シミュレーター！

5つの大画面で運転を体験できる。

火災や異常事態のシミュレーションも搭載されている。

ここでの訓練が安全につながっとるんじゃの！

雨の日のシミュレーションも重要。線路がぬれていて滑りやすいから早めにブレーキをかけなければ正しい停止位置には止められない。入念な訓練が必要なんだ。

滑走路の安全を守る！
Q スーパー路面清掃車ってどんなのなん？

A べっとりタイヤ痕を一瞬で除去！一台3役以上のすぐれもの。

空港の滑走路は汚れている！

巨大な飛行機が行き交う空港の滑走路には、あまり知られていないが、放っておくと大事故になりかねない汚れがついている。それは、飛行機の着陸でつくタイヤの痕だ。時速250kmで着陸する飛行機の摩擦熱でタイヤのゴムが溶け、滑走路に付着してしまう。

新千歳空港の俯瞰図。

北海道の空の玄関口、新千歳空港。1日に離着陸する飛行機の数、およそ400便！ 国内線の年間旅客数は、羽田に次いで第2位！（令和5年）

滑走路はけっこう汚れているんだよ！

工務部 空港事業課長 岩田哲幸さん

滑走路を掃除して26年、空港の安全を守る！

時速250kmで着陸し、その後急減速する飛行機！ その摩擦熱でタイヤのゴムが溶け、滑走路にベットリついてしまう。

年に1度の徹底掃除で大活躍!

空港メンテナンスのエース!
超高圧路面清掃車 約2億円

新千歳空港では、こうしたタイヤ痕をとるため本格的な冬を迎える前に、年に1回6日間かけて、滑走路を徹底的に大掃除している。そこで大活躍するのが、超高圧路面清掃車だ。作業効率が大きくアップし、革命中の革命となった。

超高圧路面清掃車。

車体下部のノズルから、超高圧で水を噴射。こびりついたタイヤ痕を吹き飛ばす。超高圧ジェットノズルは直径わずか0.15mm! 一般的な歯ブラシの毛先より細い! この細하ゆえに水を超高圧で噴射させても、路面を傷めない。

タイヤ痕のゴムカスが飛び散るため滑走路ではカバーをして水とゴムを吸い込みながら運行。

前はポンプ車、バキューム車、タンク車が必要だったが、超高圧路面清掃車1台で済むようになった。時間も3分の1!

噴射前後の滑走路。通り過ぎるだけで溝がくっきり浮かび上がりキレイに!

おかげで飛行機が安全に着陸できるんじゃな!

超高圧路面清掃車によって、この日1日に取れたタイヤのゴムは約1トン!

105

Q 災害時の水確保で活躍する、自衛隊の激レア車両ってどんなん？

A 泥水や川の水、海水までもきれいな水にできる！

災害時、生活用水には苦労する

地震や豪雨など、突然降りかかる自然災害の猛威。そんなとき重要なのが「水の確保」だ。大人1人が生活するにはトイレを流したり、体を拭いたりと1日におよそ50リットルもの水が必要と言われる。そのため、災害時に私たちの生活を守ってくれる自衛隊の大切な任務のひとつが、被災地への水の供給なんだ。

地震や豪雨などいつ巻き込まれるかわからないのが自然災害。そんなとき生活用水には苦労する。

自衛隊の「給水車」。水タンク車とも呼ばれ、一度に3トンから5トンもの水を運べる。大きな災害時に派遣され、被災地の給水活動に貢献。

切り札「ハイパーレスキューカー」！

自衛隊には、給水車だけでは対応しきれないレベルの自然災害に備え、切り札とも言えるハイパーレスキューカーが配備されている。全国でも数台しかない激レア車両なんだとか。そのすごい機能を見ていこう！

ハイパーレスキューカー「浄水セット2型」 9000万円

普通の車じゃったら30台は買える額じゃ?!

給水車だけでは対応できないレベルの自然災害にも備える！

106

自衛隊が誇る『浄水セット2型』!

自衛隊が誇るハイパーレスキューカー「浄水セット2型」は、濁った泥水・川の水さらに海水までもきれいにしてくれる。3つのろ過装置を通ることで水道水より純度の高い水を作ることができるという!

3つのろ過装置を積んでいる!

必要な機材を装着し、給水バルブを水に入れたら……。

スイッチを押すと濁った溜池の水をぐんぐんと浄水!

なんと1時間半でおよそ5トンもの量に!

出てくる水は……ご覧の透明度!

しかし災害に備えて、まずは各自で水の備蓄じゃな!

最初のろ過装置で砂や微生物などを取り除き、2つ目のろ過装置で、細菌やノロウイルスなどの微細なウイルスも除去。最終段階で塩素など原子レベルの物質まで取り除く。塩水のしょっぱさの素、塩化ナトリウムも取り除き、海水を真水にすることも可能。

日本では「水の消毒は塩素によることを基本とする」と水道法で定められているため、この水は飲料用としては使用できないが、東日本大震災のときには被災地でのべ100万人分のお風呂の水を供給し、大活躍。

107

「橋」大国、日本！巨大な橋ってどうやって作るん？

日本には橋がたくさん！

海に囲まれ山も多い日本は、実は世界有数の「橋」大国。全長100m以上ある巨大な橋は国内に1万5000以上もあるんだとか！　その建造の裏には苦労とさまざまな工夫がある！

鳥取県と島根県の境にある江島大橋。急勾配！

歩行者専用日本最長の吊り橋、三島スカイウォーク！

エメラルドグリーンの海に浮かぶ宮古島の池間大橋！

どれも絶景じゃあ〜！

108

工場の中を見てみよう！

❶ 超ロングな工場！

巨大な橋は全国の工場で部分ごとに分けて作る。歩いたり車が走ったりする「橋桁」とそれを支える「橋脚」を作るこの工場は全長約1km！

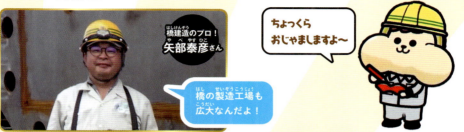

橋建造のプロ！
矢部泰彦さん

ちょっくら
おじゃましますよ〜

橋の製造工場も
広大なんだよ！

千葉県の工業地帯にあり、さまざまなパーツを作る工場。

巨大な橋を作る工場だから、工場も超ロング。全長約1km！

❷ クレーンを移動させながら製造

鉄板の切り出し、溶接、組み立てまで、天井に設置されたクレーンを移動させながら製造。

車が走る部分の橋桁とそれを支える橋脚を作っている。

天井に設置されたクレーンを移動させながら作る。

109

❸ パーツはデカイが精度が大事!

いろんな部品を使ってパーツを作るが、どれも巨大なサイズ! そして大きくてもミリ単位の精度が必要なので注意しながら製造する。

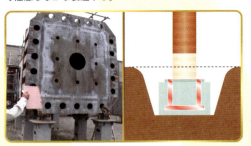

でででっ！
でっけ〜！

この下にアンカーフレームという地下部分が来るよ。巨大なサイズ！

使われるボルトなどの部品も巨大！　　　　　　チェーンは20m、10トン！

❹ 一度組み立ててチェック！

屋外のスペースには、工場でつくられた各パーツを組み合わせた橋桁が！ 仮組み立てでの厳しいチェックをクリアすると、もう一度バラして、塗装したのち、パーツごとに実際の工事現場へ運ばれて行く！

とんでもない精密さじゃ！

各パーツを繋ぐジョイント部はボルトで留められる。　　直径24.5mmの穴に対して22mmのボルト！

各パーツを組み合わせた橋桁。　　　　　　　　組み立ててチェックする。その後もう一度解体！

110

Q 橋の「入り口」「出口」、その見分け方って何なん?

A 橋の名前が入り口は「漢字」、出口は「ひらがな」で書き分けられている!

大正時代の表記が踏襲されている

橋の欄干などに橋の名前が書かれた「橋名板」があり、入り口は「漢字」出口は「ひらがな」と書き分けられていることが多い。そもそも橋の入り口と出口は大正時代には定められており、昭和36年、当時の建設省により入り口に橋の名前を漢字で表記し、出口にひらがなで表記するという基準が定められた。昭和47年にこの基準が廃止されてからもこれにならった表記をする橋が多いんだそう!

橋には入り口と出口がある!

橋って身近じゃけどこれは知らんかった!

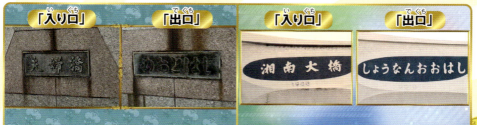

橋の名前が書かれた「橋名板」。入り口は漢字、出口はひらがな!

Q クレーンゲームみたいな船は、一体何をしとるん？

A 海底に溜まった土砂をすくっている。

日本は海運大国！

国土を海に囲まれた日本は海運大国。輸出・輸入にまつわる貨物の99％以上、金額にして年間およそ120兆円もの貨物が船で運ばれている。そんな日本の海には、さまざまな巨大船が行き交う。

船によって輸出入される貨物 99％以上！

年間 約120兆円

海運（海上を利用した貨物輸送や旅客輸送）大国日本！

貨物船や旅客船など多くの船が行き来する。

おぉ～！デカい船が行き来しとるのぅ～！

世界最大級！ 土砂をすくい取る専門船

港で活躍しているのが、海底に溜まった土砂を取り除く「グラブ浚渫船」だ。世界最大級の規模を誇るこの船の大きなグラブ（掘削機）は、一度にダンプカー40台分もの土砂をすくい上げる！

ひとかきでとれる土砂は最大で300トン！ ダンプカー40台分もの土砂を一回ですくい上げる。

長さ100m、幅36m、高さは最大60m！ 重量は7052トン！ 総工費はおよそ120億円と、その規模は世界最大級。

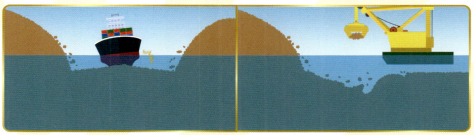

土砂を取るのは港の水深を保つため。船が安全に航行できる水深や幅などを確保している。

ほぇ～！ 安全には欠かせん船ってことじゃな！

すくった土砂は埋立地や建造物の基礎造りに使われるなど有効利用されている。

Q 土砂をすくい取る巨大船で、世界初となる画期的な設備とは？

A やじろべえをヒントにバランスをとるシステム！

巨大な杭で船を固定、ワイヤーで調整

作業はまず、船に設置されている巨大な杭を海底に下ろし船を固定する。そしてこのグラブと呼ばれる大きなバケットを海底に下ろし土砂をすくい上げる。

杭を海底に固定。直径は1.6m、長さ45m、重さは88トン。15階建のビルくらいある巨大な杭だ！

グラブの操作は熟練ワザ！海底の土壌のかたさをエンジン音で判断している！

ワイヤー操作が一般的

一般的な船では、グラブの上下運動はワイヤーの巻き付けで調節する。巨大なグラブで土砂をすくうと重さは600トン以上！ それを引っ張る巨大なワイヤー設備には燃料費などを含めかなりのお金がかかっていた。

グラブの上下運動はワイヤーを巻きつけ調整するのが一般的。

このような「やじろべえ」のような形でバランスをとる。

グラブとつりあったウエイトが上下する「やじろべえ方式」が画期的！

ワイヤー方式

1日の燃費 約200万円

やじろべえ方式

1日の燃費 約100万円

やじろべえ方式は従来のワイヤー設備よりグラブ操作がスムーズで作業が効率的。燃費もおよそ半分に！

やじろべぇすげー！

グラブですくった土砂は巨大船の横につけられた土砂運搬船へ入れられ、運ばれていく！

この船は自分では進めないので、移動は他の小さな船に引いてもらう。自走するエンジンを積むと特別な免許が必要になったり、乗組員の増員で費用がかさんでしまったりするためだ。このような一か所に留まることの多い作業船の場合あえてエンジンを積まず維持費を安くすることが多いんだとか！

ひみつミニコラム！ 野菜を育てる装置も!?

こちらの巨大船による土砂のすくい上げは、最近では外国からの注文も増え、外国での作業となると数年に及ぶこともある。長期滞在できるよう船内には、作業員用の個室やお風呂、食堂があるほか、新鮮な野菜を育てる装置まで積んでいるんだ！

115

Q 巨大船で大活躍するギャングって何なん？

A 船に自動車を積み込むプロ集団のこと！

限られたスペースに効率よく積み込む！

自動車の輸出が多い日本では、巨大な運搬船が大活躍。1階から7階まで全て車を止める駐車スペースがあり、一度に運べる自動車の数、1500台という！大量の車を効率よく積むため、ドライビングテクニックに優れた「ギャング」と呼ばれるプロが運転しながら駐車する！

港で輸出を待つ自動車に乗り込み、船内の駐車位置まで運転するプロ集団！「ギャング」の由来はオランダ語で行列、行進、通路を意味する言葉から来ている。

こんなギャングは大歓迎じゃ〜！

自動車運搬船は、海上の立体駐車場と呼ばれるほど大量の自動車を積める。

次々と駐車位置へ向かい、隣の車とギリギリの距離で駐車！車と車の間はこぶしひとつ分、10cmが基本なんだとか！この日4時間で積み込んだ車は1000台、金額約20億円分！

※本ページには番組放映後の独自取材が含まれています。

116

Q 「水先人」って何なん？

A 港に出入りする船に乗り込み、安全に航行できるよう船長に指示をする専門家！

水深や潮の流れを熟知してルートを見極める

多くの船が行き交う港では正しいルートを進まないとぶつかったり座礁したりする危険が！ そこで活躍しているのが「水先人」と呼ばれる港の地形や潮の流れなどを熟知した国家資格を持つプロだ。巨大船が入港する際は、水先人が乗船し指示するのが国際的なルールになっている。

正しいルートを外れると座礁などの危険が！

水先人 松本恭昇さん

湾内の海図は全て頭の中に入っているよ！

水先人は小型ボートで巨大船に向かい、1人乗り込んで、安全に着岸できるよう船長に指示をする。

船によって大きさや速力など性能が違うのでその船の特徴をすぐに見極めることも重要。

小回りが利くタグボートで、大型船の着岸の時の向きや速度をコントロール。東京湾の水先人は1日1〜2隻を担当し、年間およそ300隻もの船に乗り込んでいるんだとか！

巨大な船が無事に港に着けるのは水先人さんたちのおかげだったんじゃのう！

117

特別編！日直アシスタント田牧そらちゃんのヒミツってどうなっとるん？

そらちゃん！
いつもありがとうじゃ〜！

MCの有吉弘行さん、カネオくん（声：千鳥・ノブさん）、多くのゲストの方たちと共に、番組に欠かせないのが、日直アシスタントの田牧そらちゃんだ。2018年に初登場して以来、いつも明るい笑顔と素直な発言で、番組を楽しく盛り上げてくれているんだ！

田牧そらちゃんのプロフィール

2006年8月2日生まれ。トライストーン・エンタテイメント所属。生後半年でモデルデビューし、幼少期より数多くの広告に出演。2010年、4歳の時にパンのCMに初出演して以来、多くのドラマや映画に出演するとともに、『有吉のお金発見 突撃!カネオくん』でレギュラーを務めるなど、バラエティー番組でも活躍。ドラマ『スカイキャッスル』（テレビ朝日）に山田未久役で出演。

そらちゃんヒストリー

「好きな芸人は……千鳥の……大悟さんです！(笑)」

「あらゆる金額を可視化して現代社会を学ぶ！」がコンセプトの番組では、身近なモノゴトから最先端の技術までさまざまなテーマを扱う。時に堅苦しくなりそうな話も、そらちゃんの存在のおかげで、よりわかりやすく親しみやすく視聴者に伝わっている。

そりゃないぜ！

2018年

「宇宙」をテーマにした回で、宇宙食のおにぎりを試食。

2019年

2回目の登場。「緊張してます！」

2020年

スタジオを飛び出し、レポートに挑戦！

「そらっていう名前は、空のように広い心をもって、見た人が元気をもらえるように、とお父さんが付けてくれました」

ダムの回にて。「放流、見てみたいです」

2021年

チーズの回にて。「チーズ入りのたまご焼きが大好きです」

2022年

生クリームの回にて、カネオくんケーキを試食。

2023年

「今ハマっているのは干しいもです」

119

突撃レポート！ カネオくん収録日のそらちゃんに密着！

東京・渋谷にあるNHK放送センターで番組収録が行われる某月某日。田牧そらちゃんの舞台裏をレポートするため、収録開始の2時間前から密着させてもらったよ！

収録2時間前 楽屋入り

「おはようございます！」

現役高校生のそらちゃん。学校が終わってから収録に向かうこともあるそう。

収録1時間50分前 衣装選び

衣装を何パターンか試着。似合っているかどうかや、番組のテーマを考慮し、スタイリストさんやマネージャーさんと相談して決める。

収録1時間30分前 メイク室／ヘアメイク

ヘアメイクさんによると、そらちゃんのヘアセットはアイロンを軽くかけるくらいなんだとか。

「おお、ヘアメイク中に台本をちゃんと確認しとるんじゃのう！」

収録1時間15分前

打ち合わせ

当日の流れについて番組スタッフと打ち合わせ。おやつを食べながらほとんど雑談みたいな和やかムードで10分もかからず終了。

よろしくお願いしまーす!

収録5分前

この日は2本収録。いよいよ撮影スタジオへ。そらちゃんはいつも早めにスタンバイ。

収録終了

お疲れさまでしたー!

スタジオから楽屋へ

いつもがんばっとるのぅ～!

本日の収録が無事終了。今日はこの後、出版社インタビューが2本あるのだそう。

121

いつも笑顔のそらちゃんが考えてることってなんなん？

「そのままでいいよ」と言われるけれどもっと伝わるように話したい

失敗しても有吉さんが助けてくれるんです

私はバラエティー番組やお笑いが大好きなんです。カネオくんの番組のお仕事は、有吉さんやノブさん、ゲストの方々、スタッフの方も温かくて、笑いがたえない現場です。番組の内容もおもしろいのに勉強になるし、収録は視聴者と同じような気持ちでとにかく楽しんでいます。

収録のテーマはそれほど前から知らされていないので、VTRを見て初めて知ることも多くて。収録中にリアルに、「そうなんだ！」と思うことばかり。いまはドラマの撮影や勉強もあってちょっと疲れちゃったなという日もあるんですが、そんなときでもカネオくんの収録はおもしろくて息抜きになっています。

そらちゃんは変わらないのがいいんじゃよ〜

とっても楽しい収録なんですが、いつ何を質問されるかわからない！ だから常に緊張はしています。番組の最中は私が何をどうしゃべるとかも決まっていないんですよ。ただ最初からディレクターさんからは「思ったことは全部言っていいよ」と言われているのでそれを信じて。

それで意味がわからないことを言っちゃって、あ、失敗しちゃった、と思うこともあるんですが、そんなときはいつも有吉さんがおもしろくしてくれます。みんなに失敗したとわからないように助けてくれるんです！ すごくありがたいです。有吉さんがいなかったら本当に困ってしまうと思います。

ネタ帳が4冊目になりました

番組のオープニングトークでは、ノブさんと交代で、日常に起きたことなどをお話しすることになっています。カネオくんはドラマと違って台本を覚える必要はないんですが、唯一、そのネタは用意しないといけない。

それで数年前から手のひらサイズの小さいメモ帳に、最近のおもしろかったことや気づいたことを、すぐ書きとめておくことにしました。書いておかないとすぐに忘れてしまうので！ そんなネタ帳ももう4冊目になります。

今は自分に起きたことだけじゃなくて、家族のエピソードも多めですね。それでうちの父がちょっとセコイ、というエピソードが定番になってしまって。実はこの番組で話すまでは、それが普通だと思っていて、別に父がセコイとは気づいていなかったんですよ。周りの人に言われて、えっそうなんだ、うちの父ってセコイんだと（笑）。

123

大人にならなきゃとあせってます

レギュラーになったのは11歳のときで、今18歳です。ディレクターさんに「最初のころから本当に変わっていないよね」と言われるんですが、さっきノブさんにも言われてしまいました。自分としては、かなり変わったんだけどな。身長も伸びたし（中学時代で15cm！）と思っているんですが。

でも高3にもなってこのままじゃいけないかなと思うことも。もう少し大人にならなきゃ、とちょっとあせっているんです。

いつも番組の中で、クイズが出されるんですが、先日その正答率をスタッフさんが出してくださって。私の正答率、なんと6％だったんですよ！ショックだったので、もっと正解できるようにがんばりたいな。

あと、有吉さんをとなりで見ていると、VTR中、ツッコミとか感想、相づちなど、みんなが「わかる〜」という内容を、ずーっと声に出していらっしゃるんですよ。私は同じように思っていたとしても、質問されないと声に出せていないな、すごいなと。だから有吉さんみたいに、自分の言葉でちゃんとたくさん話せるようになるのが目標です。それで番組を見ている方にもっと楽しんでもらえたらいいなと思います。

> 自分の言葉でちゃんとたくさん話せるようになるのが目標です。

そらちゃんの思い出ベスト3

そらちゃんが印象に残っている回を教えてくれたよ！

ベスト1 「冬の街を彩る！イルミネーションのお金の秘密」
2020年12月5日放送

怖がられたので、仕方なく撤去しました。

イルミネーションが大好きなんです。年末になるとカネオくんでもよく放送されますが、プライベートでも毎年のように見に行っています。この回はロケで、自宅のイルミネーションにこだわっているお宅へ行き、教えていただきながら作ったのが楽しかった。帰ってから、うちで飼ってるボストンテリア・なな太のケージを飾りつけてみました。

ベスト2 「進化し続ける国産イチゴのお金のヒミツ」
2020年4月25日放送

いただきまーす！

これはおいしすぎ……！

「幻のいちご」と呼ばれる「とちひめ」を試食させてもらったんです。柔らかすぎて輸送が難しいため、現地でしか食べられないということで、番組スタッフさんが朝、栃木の農園に行って大事に持ってきたもの。とても大きくて、本当に甘くてジューシー！食べたことのないおいしさでビックリしました！

ベスト3 「朝ドラ舞台裏に潜入＆広瀬すずの疑問大調査」

2019年4月9日放送

スペシャル版で「学校に必ずあるもののお金のヒミツ」のミニドラマをやりました。とび箱が10万円近くするとか、黒板は15万円くらいとか「けっこう高いんだなぁ」と印象的でした。

赤白帽 590円
とび箱 9万8千円

そらちゃん、これからもよろしくじゃ～！

本書内容に関するお問い合わせについて

このたびは翔泳社の書籍をお買い上げいただき、誠にありがとうございます。弊社では、読者の皆様からのお問い合わせに適切に対応させていただくため、以下のガイドラインへのご協力をお願い致しております。下記項目をお読みいただき、手順に従ってお問い合わせください。

ご質問される前に

弊社Webサイトの「正誤表」をご参照ください。
これまでに判明した正誤や追加情報を掲載しています。
正誤表 https://www.shoeisha.co.jp/book/errata/

ご質問方法

弊社Webサイトの「書籍に関するお問い合わせ」をご利用ください。
書籍に関するお問い合わせ
https://www.shoeisha.co.jp/book/qa/
インターネットをご利用でない場合は、FAXまたは郵便にて、
下記"翔泳社 愛読者サービスセンター"までお問い合わせください。
電話でのご質問は、お受けしておりません。

回答について

回答は、ご質問いただいた手段によってご返事申し上げます。ご質問の内容によっては、回答に数日ないしはそれ以上の期間を要する場合があります。

ご質問に際してのご注意

本書の対象を超えるもの、記述個所を特定されないもの、また読者固有の環境に起因するご質問等にはお答えできませんので、予めご了承ください。

郵便物送付先およびFAX番号

送付先住所 〒160-0006　東京都新宿区舟町5
FAX番号 03-5362-3818
宛先 （株）翔泳社 愛読者サービスセンター

※本書に記載されたURL等は予告なく変更される場合があります。
※本書の出版にあたっては正確な記述につとめましたが、著者や出版社などのいずれも、本書の内容に対してなんらかの保証をするものではなく、内容やサンプルに基づくいかなる運用結果に関してもいっさいの責任を負いません。
※本書に記載されている会社名、製品名はそれぞれ各社の商標および登録商標です。